林业理论与管理工作探究

陈正斌　李元忠　曾勇◎著

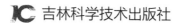
吉林科学技术出版社

图书在版编目（CIP）数据

林业理论与管理工作探究 / 陈正斌，李元忠，曾勇
著. -- 长春：吉林科学技术出版社，2023.5
ISBN 978-7-5744-0469-4

Ⅰ．①林… Ⅱ．①陈… ②李… ③曾… Ⅲ．①林业管
理—研究 Ⅳ．①F307.2

中国国家版本馆 CIP 数据核字(2023)第 105648 号

林业理论与管理工作探究
LINYE LILUN YU GUANLI GONGZUO TANJIU

主　　编　陈正斌　李元忠　曾　勇
出 版 人　宛　霞
责任编辑　赵　沫
幅面尺寸　185 mm×260mm
开　　本　16
字　　数　257 千字
印　　张　11
版　　次　2023 年 5 月第 1 版
印　　次　2023 年 5 月第 1 次印刷

出　　版　吉林科学技术出版社
发　　行　吉林科学技术出版社
地　　址　长春市净月区福祉大路 5788 号
邮　　编　130118
发行部电话/传真　0431-81629529　81629530　81629531
　　　　　　　　　　81629532　81629533　81629534

储运部电话　0431-86059116

编辑部电话　0431-81629518
印　　刷　北京四海锦诚印刷技术有限公司

书　　号　ISBN 978-7-5744-0469-4
定　　价　70.00 元

前　言

　　林业是生态环境的主体，对经济的发展、生态的建设以及推动社会进步具有重要的作用和意义。随着我国政策的不断改革和完善，以及全球经济一体化的发展，生态经济的发展逐渐成为现代化建设的重要标志。面对这种机遇和挑战，林业工作肩负了更加重大的使命：一是实现科学发展，必须把发展林业作为重大举措；二是建设生态文明，必须把发展林业作为重要途径；三是应对气候变化，必须把发展林业作为战略选择；四是解决"三农"问题，必须把发展林业作为重要途径。因此，全面推进现代林业发展进程，加快生态文明建设，是当今时代赋予我们的责任。

　　本书内容共分为七章。第一章从林业的基本理论入手，介绍了林业的概念、林业资源的现状与功能，我国林业建设的总体布局以及林业技术经济效果的体系与评价。第二章着眼于林业经济管理，详细分析了林业经营的思想理论体系、经营形式、发展战略、结构布局以及林产品贸易。第三章的内容围绕林业产权管理展开，介绍了林权管理、森林资产产权管理与林地管理。第四章分析了林业生物灾害的种类与成因，进而提出了林业灾害的分类、分级管理的措施。第五章对林业企业管理的原理与基本方法进行了分析与总结。第六章揭示了现代林业与生态文明建设的联系，对林业生态文化建设中的关键技术进行了系统的说明。第七章是关于森林资源管理与可持续经营，选取了森林区划系统、森林资源调查、森林资源信息管理等多个角度进行分析。

　　在编写过程中，本书参阅和引用了有关专家学者的专著、论文及教材等，在此一并致以最诚挚的谢意！鉴于编者水平有限，书中难免有错漏之处，敬请专家、读者批评指正。

目 录

第一章 林业基本理论

第一节 我国林业资源现状与功能

一、我国林业的资源分布

（一）森林资源

林业资源的核心是森林资源，根据《中国森林资源状况》，在行政区划的基础上，依据自然条件、历史条件和发展水平，把全国划分为东北地区、华北地区、西北地区、华中地区、华南地区、华东地区和西南地区，进行森林资源的格局特征分析。

1.东北地区

东北林区是中国重要的重工业和农林牧生产基地，包括辽宁、吉林和黑龙江，跨越寒温带、中温带、暖温带，属大陆性季风气候。除长白山部分地段外，地势平缓，分布落叶松、红松林及云杉、冷杉和针阔混交林，是中国森林资源最集中的分布区之一。

2.华北地区

华北地区包括北京、天津、河北、山西和内蒙古。该区自然条件差异较大，跨越温带、暖温带，以及湿润、半温润、干旱和半干旱区，属大陆性季风气候。分布有松柏林、松栎林、云杉林、落叶阔叶林，以及内蒙古东部兴安落叶松林等多种森林类型，除内蒙古东部的大兴安岭为森林资源集中分布的林区外，其他地区均为少林区。

3.西北地区

西北地区包括陕西、甘肃、宁夏、青海和新疆。该区自然条件差，生态环境脆弱，境内大部分为大陆性气候，寒暑变化剧烈，除陕西和甘肃东南部降水丰富外，其他地区降水量稀少，为全国最干旱的地区，森林资源稀少，森林覆盖率仅为8.16%。森林主要分布在秦岭、大巴山、小陇山、洮河和白龙江流域、黄河上游、贺兰山、祁连山、天山、阿尔泰山等处，以暖温带落叶阔叶林、北亚热带常绿落叶阔叶混交林以及山地针叶林为主。

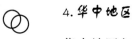

4.华中地区

华中地区包括安徽、江西、河南、湖北和湖南。该区南北温差大，夏季炎热，冬季比较寒冷，降水量丰富，常年降水量比较稳定，水热条件优越。森林主要分布在神农架、沅江流域、资江流域、湘江流域、赣江流域等处，主要为常绿阔叶林，并混生落叶阔叶林，马尾松、杉木、竹类分布面积也非常广。

5.华南地区

华南地区包括广东、广西、海南和福建。该区气候炎热多雨，无真正的冬季，跨越南亚热带和热带气候区，分布有南亚热带常绿阔叶林、热带雨林和季雨林。

6.华东地区

华东地区包括上海、江苏、浙江和山东。该区临近海岸地带，其大部分地区因受台风影响获得降水，降水量丰富，而且四季分配比较均匀，森林类型多样，树种丰富，低山丘陵以常绿阔叶林为主。

7.西南地区

西南地区包括重庆、四川、云南、贵州和西藏。该区垂直高差大，气温差异显著，形成明显的垂直气候带与相应的森林植被带，森林类型多样，树种丰富。森林主要分布在岷江上游流域、青衣江流域、大渡河流域、雅砻江流域、金沙江流域、澜沧江和怒江流域、滇南山区、大围山、渠江流域、峨眉山等处。

（二）湿地资源

中国湿地分布较为广泛，几乎各地都有，受自然条件的影响，湿地类型的地理分布有明显的区域差异。

1.沼泽分布

我国沼泽以东北三江平原、大兴安岭、小兴安岭、长白山地、四川若尔盖和青藏高原为多，各地河漫滩、湖滨、海滨一带也有沼泽发育，山区多木本沼泽，平原则草本沼泽居多。

2.湖泊湿地分布

我国的湖泊湿地主要分布于长江及淮河中下游、黄河及海河下游和大运河沿岸的东部平原地区湖泊、蒙新高原地区湖泊、云贵高原地区湖泊、青藏高原地区湖泊、东北平原地区与山区湖泊。

3.河流湿地分布

因受地形、气候影响，河流在地域上的分布很不均匀，绝大多数河流分布在东部气候湿润多雨的季风区；西北内陆气候干旱少雨，河流较少，并有大面积的无流区。

4.近海与海岸湿地

我国近海与海岸湿地主要分布于沿海省份，以杭州湾为界，杭州湾以北除山东半岛、辽东半岛的部分地区为岩石性海滩外，多为沙质和淤泥质海滩，由环渤海滨海和江苏滨海湿地组成；杭州湾以南以岩石性海滩为主，主要有钱塘江—州湾湿地、晋江口—泉州湾湿地、珠江口河口湾和北部湾湿地等。

5.库塘湿地

库塘湿地属于人工湿地，主要分布于我国水利资源比较丰富的东北地区、长江中上游地区、黄河中上游地区以及广东等。

二、我国林业的主要功能

根据联合国《千年生态系统评估报告》，生态系统服务功能包括生态系统对人类可以产生直接影响的调节功能、供给功能和文化功能，以及对维持生态系统的其他功能具有重要作用的支持功能（如土壤形成、养分循环和初级生产等）。生态系统服务功能的变化通过影响人类的安全、维持高质量生活的基本物质需求、健康，以及社会文化关系等而对人类福利产生深远的影响。林业资源作为自然资源的组成部分，同样具有调节、供给和文化三大服务功能。调节服务功能包括固碳释氧、调节小气候、保持水土、防风固沙、涵养水源和净化空气等；供给服务功能包括提供木材与非木质林产品；文化服务功能包括美学与文学艺术、游憩与保健疗养、科普与教育、宗教与民俗等方面。

（一）固碳释氧

森林作为陆地生态系统的主体，在稳定和减缓全球气候变化方面起着至关重要的作用。森林植被通过光合作用可以吸收固定 CO_2，成为陆地生态系统中 CO_2 最大的贮存库和吸收汇。而毁林开荒、土地退化、筑路和城市扩张导致毁林，也导致温室气体向大气排放。以森林保护、造林和减少毁林为主要措施的森林减排已经成为应对气候变化的重要途径。

人类使用化石燃料、进行工业生产以及毁林开荒等活动导致大量的 CO_2 向大气排放，使大气 CO_2 浓度显著增加。陆地生态系统和海洋吸收其中一部分排放的 CO_2，但全球排放量与吸收量之间仍存在不平衡。这就是被科学界常常提到的 CO_2 失汇现象。

最近几十年来城市化程度不断加快，人口数量不断增长，工业生产逐渐密集，呼吸和燃烧消耗了大量 O_2、排放了大量 CO_2。迄今为止，任何发达的生产技术都不能代替植物的光合作用。地球大气中大约有$1.2 \times 10^{25} tO_2$，这是绿色植物经历大约32亿年漫长岁月，通过光合作用逐渐积累起来的，现在地球上的植被每年可新增$7.0 \times 10^{10} tO_2$。据测定，一株100年生的山毛榉树（具有叶片表面积$1600 m_2$）每小时可吸收$CO_2 2.35 kg$，释放$O_2 1.71 kg$。$1 hm^2$森林通过光合作用，每天能生产$735 kg O_2$，吸收$1005 kg CO_2$。

（二）调节小气候

1.调节温度作用

林带改变气流结构和降低风速作用的结果必然会改变林带附近的热量收支，从而引起温度的变化。但是，这种过程十分复杂，影响防护农田内气温的因素不仅包括林带结构、下垫面性状，而且还涉及风速、湍流交换强弱、昼夜时相、季节、天气类型、地域气候背景等。

在实际蒸散和潜在蒸散接近的湿润地区，防护区内影响温度的主要因素为风速，在风速降低区内，气温会有所增加；在实际蒸散小于潜在蒸散的半湿润地区，由于叶面气孔的调节作用开始产生影响，一部分能量没有被用于土壤蒸发和植物蒸腾而使气温降低，因此这一地区的防护林对农田气温的影响具有正负两种可能性。在半湿润易干旱或比较干旱地区，由于植物蒸腾作用而引起的降温作用比因风速降低而引起的增温作用程度相对显著，因此这一地区防护林具有降低农田气温的作用。我国华北平原属于干旱半干旱季风气候区，该地区的农田防护林对温度影响的总体趋势是夏秋季节和白天具有降温作用，在春冬季节和夜间具有升温及气温变幅减小作用。

2.调节林内湿度作用

在防护林带作用范围内，风速和乱流交换的减弱，使得植物蒸腾和土壤蒸发的水分在近地层大气中逗留的时间要相对延长，因此，近地面的空气湿度常常高于旷野。据在甘肃河西走廊的研究，林木初叶期，林网内空气相对湿度可提高3%～14%，全叶期提高9%～24%，在生长季节中，一般可使网内空气湿度提高7%左右；李增嘉对山东平原县$3 m \times 15 m$的桃麦、梨麦、苹麦间作系统的小气候效应观测研究表明：小麦乳熟期间，麦桃、麦梨间作系统空气相对湿度比单作麦田分别提高9.5%、3%和13.1%。[1]据研究，株行距$4 m \times 25 m$的桐粮间作系统、$3 m \times 20 m$的杨粮系统在小麦灌浆期期间，对比单作麦田，相对湿度分别提高7%～10%和6%～11%，可有效地减轻干热风对小麦的危害。

3.调节风速

防护林最显著的小气候效应是防风效应或风速减弱效应。人类营造防护林最原始的目的就是借助于防护林减弱风力，减少风害。故防护林素有"防风林"之称。防护林减弱

---

① 李增嘉.粮田复合群体超高产的产量效应［J］.作物杂志，1996（004）：1-4.

风力的主要原因有：①林带对风起一种阻挡作用，改变风的流动方向，使林带背风面的风力减弱；②林带对风的阻力夺取风的动能，使其在地面逸散，风因失去动能而减弱；③减弱后的风在下风方向不需要经过很久即可逐渐恢复风速，这是因为通过湍流作用，有动能从风力较强部分被扩散的缘故。从力学角度而言，防护林防风原理在于气流通过林带时，削弱了气流动能而减弱了风速。动能削弱的原因来自三个方面：其一，气流穿过林带内部时，由于与树干及枝叶的摩擦，使部分动能转化为热能，与此同时，由于气流受林木类似筛网或栅栏的作用，将气流中的大旋涡分割成若干小旋涡而消耗了动能，这些小旋涡又互相碰撞和摩擦，进一步削弱了气流的大量能量；其二，气流翻越林带时，在林带的抬升和摩擦下，与上方气流汇合，损失部分动能；其三，穿过林带的气流和翻越林带的气流，在背风面一定距离内汇合时，又造成动能损失，致使防护林背风区风速减弱最为明显。

（三）保持水土

1. 森林对降水再分配的作用

降水经过森林冠层后发生再分配过程，再分配过程包括三个不同的部分，即穿透降水、茎流水和截留降水。穿透降水是指从植被冠层上滴落下来的或从林冠空隙处直接降落下来的那部分降水；茎流水是指沿着树干流至土壤的那部分水分；截留降水系指雨水以水珠或薄膜形式被保持在植物体表面、树皮裂隙中以及叶片与树枝的角隅等处，截留降水很少达到地面，而通过物理蒸发返回到大气中。

森林冠层对降水的截留受到众多因素的影响，主要有降水量、降水强度和降水的持续时间以及当地的气候状况，并与森林组成、结构、郁闭度等因素密切相关。根据观测研究，我国主要森林生态系统类型的林冠年截留量平均值为134.0～626.7mm，变动系数14.27%～40.53%，热带山地雨林的截留量最大，为626.7mm，寒温带、温带山地常绿针叶林的截留量最小，只有134.0mm，两者相差4.68倍。我国主要森林生态系统林冠的截留率的平均值为11.40%～34.34%，变动系数6.86%～55.05%。亚热带、热带西南部高山常绿针叶林的截留损失率最大，为34.34%；亚热带山地常绿落叶阔叶混交林截留损失率最小，为11.4%。

研究表明，林分郁闭度对林冠截留的影响远大于树种间的影响。森林的覆盖度越高，层次结构越复杂，降水截留的层面越多，截留量也越大。例如，川西高山云杉、冷杉林，郁闭度为0.7时，林冠截留率为24%，郁闭度降为0.3时截留率降至12%；华山松林分郁闭度从0.9降为0.7，林冠截留率降低6.08%。

2. 森林对地表径流的作用

（1）森林对地表径流的分流阻滞作用

当降雨量超过森林调蓄能力时，通常产生地表径流，但是降水量小于森林调蓄水量

时也可能会产生地表径流。分布在不同气候地带的森林都具有减少地表径流的作用。在热带地区，对热带季雨林与农地（刀耕火种地）的观测表明，林地的地表径流系数在1%以下，最大值不到10%；而农地则多为10%～50%，最大值超过50%，径流次数也比林地多约20%，径流强度随降雨量和降雨时间增加而增大的速度和深度也比林地突出。

（2）森林延缓地表径流历时的作用

森林不但能够有效地削减地表径流量，而且还能延缓地表径流历时。一般情况下，降水持续时间越长，产流过程越长；降水初始与终止时的强度越大，产流前土壤越湿润，产流开始的时间就越快，而结束径流的时间就越迟。这是地表径流与降水过程的一般规律。从森林生态系统的结构和功能分析，森林群落的层次结构越复杂，枯枝落叶层越厚，土壤孔隙越发育，产流开始的时间就越迟，结束径流的时间相对较晚，森林削减和延缓地表径流的效果越明显。例如，在相同的降水条件下，不同森林类型的产流与终止时间分别比降水开始时间推迟7～50min，而结束径流的时间又比降水终止时间推后40～500min。结构复杂的森林削减和延缓径流的作用远比结构简单的草坡地强。在多次出现降水的情况下，森林植被出现的洪峰均比草坡地的低；而在降水结束、径流逐渐减少时，森林的径流量普遍比草坡地大，明显地显示出森林削减洪峰、延缓地表径流的作用。但是，发育不良的森林，例如只有乔木层，无灌木层、草本层和枯枝落叶层，森林调节径流量和延缓径流过程的作用会大大削弱，甚至也可能产生比草坡地更大的径流量。

（3）森林对土壤水蚀的控制作用

森林地上和地下部分的防止土壤侵蚀功能，主要有几个方面：①林冠可以拦截相当数量的降水量，减弱暴雨强度和延长其降落时间；②可以保护土壤免受破坏性雨滴的机械破坏作用；③可以提高土壤的入渗力，抑制地表径流的形成；④可以调节融雪水，使雪害的程度降到最低；⑤可以减弱土壤冻结深度，延缓融雪，增加地下水贮量；⑥根系和树干可以对土壤起到机械固持作用；⑦林分的生物小循环对土壤的理化性质、抗水蚀能力、抗风蚀能力起到改良作用。

（四）防风固沙

1.固沙作用

森林以其茂密的枝叶和聚积枯落物庇护表层沙粒，避免风的直接作用；同时植被作为沙地上一种具有可塑性结构的障碍物，使地面粗糙度增大，大大降低近地层风速；植被可加速土壤形成过程，提高黏结力，根系也起到固结沙粒作用；植被还能促进地表形成"结皮"，从而提高临界风速值，增强抗风蚀能力，起到固沙作用，其中植被降低风速作用最为明显也最为重要。植被降低近地层风速作用大小与覆盖度有关，覆盖度越大，风速降低值越大。内蒙古农业大学林学院通过对各种灌木测定，当植被覆盖度大于30%时，一般都可降低风速40%以上。

2. 阻沙作用

由于风沙流是一种贴近地表的运动现象，因此，不同植被固沙和阻沙能力的大小，主要取决于近地层枝叶分布状况。近地层枝叶浓密、控制范围较大的植物，其固沙和阻沙能力也较强。在乔、灌、草三类植物中，灌木多在近地表处丛状分枝，固沙和阻沙能力较强。乔木只有单一主干，固沙和阻沙能力较小，有些乔木甚至树冠已郁闭，表层沙仍然继续流动。多年生草本植物基部丛生亦具固沙和阻沙能力，但比之灌木植株低矮，固沙范围和积沙数量均较低，加之入冬后地上部分干枯，所积沙堆因重新裸露而遭吹蚀，因此不稳定。这也是在治沙工作中选择植物种时首选灌木的原因之一。而不同灌木，其近地层枝叶分布情况和数量亦不同，固沙和阻沙能力也有差异，因而选择时应进一步分析。

3. 对风沙土的改良作用

植被固定流沙以后，大大加速了风沙土的成土过程。植被对风沙土的改良作用，主要表现在以下几个方面：①机械组成发生变化，粉粒、黏粒含量增加。②物理性质发生变化，比重、容重减少，孔隙度增加。③水分性质发生变化，田间持水量增加，透水性减慢。④有机质含量增加。⑤氮、磷、钾三要素含量增加。⑥碳酸钙含量增加，pH值提高。⑦土壤微生物数量增加。据中国科学院兰州沙漠研究所陈祝春等人测定，沙坡头植物固沙区（25年），表面1cm厚土层微生物总数为243.8万个/g干土，流沙仅为7.4万个/g干土，土层约比流沙增加30多倍。⑧沙层含水率减少，据陈世雄在沙坡头观测，幼年植株耗水量少，对沙层水分影响不大，随着林龄的增加，对沙层水分产生显著影响。在降水较多年份，如1979年4～6月所消耗的水分，能在雨季得到一定补偿，沙层内水分含量可恢复到2%左右；而降水较少年份，如1974年，降雨仅154mm，补给量少，0～150cm深的沙层内含水率下降至1%以下，严重影响着植物的生长发育。

（五）涵养水源

1. 净化水质的作用

森林对污水净化能力也极强。据测定，从空旷的山坡上流下的水中，污染物的含量为169g/m₂，而从林中流下来的水中污染物的含量只有64g/m²。污水通过30～40m的林带后，水中所含的细菌数量比不经过林带的减少50%。一些耐水性强的树种对水中有害物质有很强的吸收作用，如柳树对水溶液中氢化物的去除率达94%～97.8%。湿地生态系统则可以通过沉淀、吸附、离子交换、络合反应、硝化、反硝化、营养元素的生物转化和微生物分解过程处理污水。

2. 削减洪峰

森林通过乔、灌、草及枯落物层的截持含蓄、大量蒸腾、土壤渗透、延缓融雪等过程，使地表径流减少，甚至为零，从而起到削减洪水的作用。这一作用的大小，又受到森林类型、林分结构、林地土壤结构和降水特性等的影响。通常，复层异龄的针阔混交林要比单层同龄纯林的作用大，对短时间降水过程的作用明显，随着降水时间的延长，森林的削洪作用也逐渐减弱，甚至到零。因此，森林的削洪作用有一定限度，但不论作用程度如何，各地域的测定分析结果证实，森林具有削洪作用是肯定的。

（六）净化空气

1. 滞尘作用

大气中的尘埃是造成城市能见度低和对人体健康产生严重危害的主要污染物之一。据统计，全国城市中有一半以上大气中的总悬浮颗粒物（TSP）年平均质量浓度超过 $310\,\mu g/m^3$，百万人口以上的大城市的 TSP 浓度更大，一半以上超过 $410\,\mu g/m^3$，超标的大城市占 93%。人们在积极采取措施减少污染源的同时，更加重视增加城市植被覆盖率，发挥森林在滞尘方面的重要作用。据测定：每公顷云杉林每年可固定尘土 32t，每公顷欧洲山毛榉每年可固定尘土 68t。

2. 杀菌作用

植物的绿叶能分泌出如酒精、有机酸和萜类等挥发性物质，可杀死细菌、真菌和原生动物。如香樟、松树等能够减少空气中的细菌数量，$1hm^2$ 松、柏每日能分泌 60kg 杀菌素，可杀死白喉、肺结核、痢疾等病菌。另外，树木的枝叶可以附着大量的尘埃，因而减少了空气中作为有害菌载体的尘埃数量，也就减少了空气中的有害菌数量，净化了空气。绿地不仅能杀灭空气中的细菌，还能杀灭土壤里的细菌。有些树林能杀灭流过林地污水中的细菌，如 $1m^3$ 污水通过 30～40m 宽的林带后，其含菌量比经过没有树林的地面减少一半；又如通过 30 年生的杨树、桦树混交林，细菌数量能减少 90%。

杀菌能力强的树种有夹竹桃、稠李、高山榕、樟树、桉树、紫荆、木麻黄、银杏、桂花、玉兰、千金榆、银桦、厚皮香、柠檬、合欢、圆柏、核桃、核桃楸、假槟榔、木菠萝、雪松、刺槐、垂柳、落叶松、柳杉、云杉、柑橘、侧柏等。

3. 增加空气中负离子及保健物质含量

森林能增加空气中的负离子含量。森林的树冠、枝叶的尖端放电以及光合作用过程的光电效应均会促使空气电解，产生大量的空气负离子。空气负离子能吸附、聚集和沉降空气中的污染物和悬浮颗粒，使空气得到净化。空气中正、负离子可与未带电荷的污染物相互作用接合，对工业上难以除去的飘尘有明显的沉降效果。空气负离子同时有抑菌、杀菌和抑制病毒的作用。空气负离子对人体具有保健作用，主要表现在调节神经系统和大脑皮层功能，加强新陈代谢，促进血液循环，改善心、肺、脑等器官的功能等。

植物的花叶、根芽等组织的油腺细胞不断地分泌出一种浓香的挥发性有机物，这种气体能杀死细菌和真菌，有利于净化空气，提高人们的健康水平，被称为植物精气。森林植物精气的主要成分是芳香性碳水化合物——萜烯，主要包含有香精油、酒精、有机酸、醛、酮等。这些物质有利于人们的身体健康，除杀菌外，对人体有抗炎症、抗风湿、抗肿瘤、促进胆汁分泌等功效。

第二节 林业的概念与内涵

一、林业的概念

林业是一个关系人类长久生存与发展的重要部门，许多专家学者对林业的定义进行了界定。田宝强对有关林业的定义进行了较系统的总结[1]：①丹尼尔·拉佩兹主编的《科学技术百科全书（农业·林业卷）》中定义的林业是为了取得木材、饲料、水源、野生动物和为了游憩等目的而经营林地的事业。②《苏联百科词典》则认为林业是社会生产的一个部门，它从事保护、利用和更新森林，以满足对木材和其他林产品的需要，同时，还要从事森林培育，以更广泛地利用森林各种有益人类的特性。③联合国粮农组织和国际林业研究组织联盟联合编写的《林业科技辞典》的林业定义包含三层含义，一是指林业是一种职业，即从事于营造、保护和经营森林和林地的科学、业务和技术的职业。目的是为了对森林资源、林产品和其他效益的永续利用。二是指林木的培育或对林地内固有资源的有效开发利用。三是为了人类的利益，对林地上和与之有关的天然资源进行经营利用的科学、技术和实践。④《不列颠百科全书》定义的林业是经营林地及有关的荒地和水面，为人类谋利益的事业。主要目标通常是木材永续利用，但是有关土壤、水和野生动物资源保护及游憩相关的活动的重要性在日益增强。⑤上海辞书出版社的《辞海》定义的林业是培养和保护森林以取得木材和其他林产品、利用林木的自然特性以发挥防护作用的社会生产部门。包括造林、育林、护林、森林采伐和更新、木材和其他林产品的采集和加工等。⑥马洪、孙尚清在《经济与管理大辞典》中定义的林业有广狭二义，狭义指通过造林和营林以获得林木产品和其他多种经营效益的生产部门，是广义农业的一个组成部分。广义林业除造林、营林外，还包括森林采伐、木材运输、木材加工、木材综合利用等具有工业性质的生产活动。⑦李周等认为林业是培育、保护和经营林业用地、树木和种苗，以生产各种取之于自然的产品的所有企业和亚企业的集合。

---

[1] 田宝强. 中国林业经济增长与发展研究 [M]. 哈尔滨：黑龙江人民出版社，1995.

上述定义包括下列三个方面，一是认为林业具有从自然中直接获取（生产）产品的产业特性；二是认为林业的产品既具有物质形态，又具有非物质形态的特点；三是认为林业产业既具有生产企业的一般特点，又具有公益事业的特征。田宝强认为：第一种和第七种定义较为简洁、准确和全面，并在此基础上提出"林业是指为培育、保护和经营林业用地、林木和种苗，以生产各种取之于自然的产品的所有企业、亚企业构成的国民经济的行业（产业或部门）"。上述定义都强调了林业的产业特征。

随着对森林各种功能认识的提高和需求的转变，人类对林业的认识发生了新的变化，尤其是20世纪70年代以来，更加重视林业的生态保护等多种功能作用。

美国林学会给林业下的定义是：为了持续地利用其物质和游憩资源的一种包括营造、保护和管理森林和林地的科学、经营活动和技艺，是为了人类能够获得林地上或与之相关联的自然资源的长期效益的科学、技术以及管理和利用措施。

凯密斯（Kimmins）认为林业是一门技术和科学，它通过对森林景观的经营管理为社会持续发展提供多样的产品和服务。[1] 林业可从森林景观中提供下列一个或更多方面的产品和服务：工作就业、木材产品、鱼和野生动物栖息地、高质量的水资源和娱乐机会、狩猎、知识价值、迷人的景观和风景、对景观和群落的保护（阻止风害、水土流失、雪崩以及冷空气干扰）、吸收大气中的主要"温室气体"二氧化碳等。

陈锡文定义的林业是国民经济的产业部门，其任务是培育、采伐和利用森林，并发挥森林的多种效益，其目的是要实现国土的整治、修复与利用，保障农业稳产高产，改善人民生活条件，提高人民生活水平[2]。

综合上述有关林业的定义，其主要特点包括：①林业是一个独立的行业；②林业经营管理的主要对象是林木资源；③林业具有不可替代的经济效益；④林业经营管理的对象不仅包括林木，而且还包括林地及其相关联的各种资源；⑤林业具有独特的生态效益和社会效益；⑥林业是一门技术和科学；⑦林业是面向人类的，是为人类可持续发展服务的。

传统林业定义只包括①、②和③三个方面，是通过森林经营以生产木材，获取最大的经济效益为主要目的的林业。而现代林业定义除了包括传统林业的三个方面以外，还包括其他几个方面的特点，尤其是强调林业的生态和社会方面的多种效益，而不是仅仅强调其经济效益。

二、现代林业的概念

早在改革开放初期，我国就有人提出了建设现代林业。当时人们简单地将现代林业

---

① ［加］翰密斯·凯密斯（Hamish Kimmins）著. 平衡的法则 林业与环境问题［M］. 朱春全等译. 北京：中国环境科学出版社，1996.

② 陈锡文. 林业经济与企业管理［M］. 长沙：中南林学院出版社，1985.

理解为林业机械化，后来又走入了"只讲生态建设、不讲林业产业"的朴素生态林业的误区。张建国在《现代林业论》一书中对现代林业的定义是：现代林业即在现代科学认识基础上，用现代技术装备武装和现代工艺方法生产以及用现代科学方法管理的，并可持续发展的林业[①]。徐国祯提出，区别于传统林业，现代林业是在现代科学的思维方式指导下，以现代科学理论、技术与管理为指导，通过新的森林经营方式与新的林业经济增长方式，达到充分发挥森林的生态、经济、社会与文明功能，担负起优化环境、促进经济发展、提高社会文明、实现可持续发展的目标和任务[②]。江泽慧在《中国现代林业》中提出：现代林业是充分利用现代科学技术和手段，全社会广泛参与保护和培育森林资源，高效发挥森林的多种功能和多重价值，以满足人类日益增长的生态、经济和社会需求的林业[③]。

关于现代林业起步于何时，学术界有着不同的看法。有的学者认为，大多数发达国家的现代林业始于第二次世界大战之后，我国则始于1949年中华人民共和国成立。也有的学者认为，就整个世界而言，进入后工业化时期，即进入现代林业阶段，因为此时的森林经营目标已经从纯经济物质转向了环境服务兼顾物质利益。而在中华人民共和国成立后，我国以采伐森林提供木材为重点，同时大规模营造人工林，长期处于传统林业阶段，从20世纪70年代末开始，随着经济体制改革，才逐步向现代林业转轨。还有的学者通过对森林经营思想的演变以及经营利用水平、科技水平的高低等方面进行比较，认为1992年的联合国环境与发展大会标志着林业发展从此进入了林业生态、社会和经济效益全面协调、可持续发展的现代林业发展阶段。

以上专家学者提出的现代林业的概念，都反映了当时林业发展的方向和时代的特征。今天，林业发展的经济和社会环境、公众对林业的需求等都发生了很大的变化，如何界定现代林业这一概念，仍然是建设现代林业中首先应该明确的问题。

从字面上看，现代林业是一个偏正结构的词组，包括"现代"和"林业"两个部分，前者是对后者的修饰和限定。汉语词典对"现代"一词有以下几种释义：一是指当今的时代，可以对应于从前的或过去的；二是新潮的、时髦的意思，可以对应于传统的或落后的；三是历史学中特定的时代划分，即鸦片战争前为古代、鸦片战争以后到中华人民共和国成立前为近代、中华人民共和国成立以来即为现代。我们认为，现代林业并不是一个历史学概念，而是一个相对的和动态的概念，无须也无法界定其起点和终点。对于现代林业中的"现代"应该从前两个含义进行理解，也就是说现代林业应该是能够体现当今时代特征的、先进的、发达的林业。

随着时代的发展，林业本身的范围、目标和任务也在发生着变化。从林业资源所涵

---

① 张建国，吴静和. 现代林业论 [M]. 北京：中国林业出版社，1996.

② 徐国祯. 乡村林业 [M]. 北京：中国林业出版社，1998.

③ 江泽慧. 中国现代林业 [M]. 北京：中国林业出版社，2000.

盖的范围来看，我国的林业资源不仅包括林地、林木等传统的森林资源，同时还包括湿地资源、荒漠资源，以及以森林、湿地、荒漠生态系统为依托而生存的野生动植物资源。从发展目标和任务看，已经从传统的以木材生产为核心的单目标经营，转向重视林业资源的多种功能、追求多种效益，我国林业不仅要承担木材及非木质林产品供给的任务，同时还要在维护国土生态安全、改善人居环境、发展林区经济、促进农民增收、弘扬生态文化、建设生态文明中发挥重要的作用。

综合以上两个方面的分析，我们认为，衡量一个国家或地区的林业是否达到了现代林业的要求，最重要的就是考查其发展理念、生产力水平、功能和效益是否达到了所处时代的领先水平。建设现代林业就是要遵循当今时代最先进的发展理念，以先进的科学技术、精良的物质装备和高素质的务林人为支撑，运用完善的经营机制和高效的管理手段，建设完善的林业生态体系、发达的林业产业体系和繁荣的生态文化体系，充分发挥林业资源的多种功能和多重价值，最大限度地满足社会的多样化需求。

按照论理学的理论，概念是对事物最一般、最本质属性的高度概括，是人类抽象的、普遍的思维产物。先进的发展理念、技术和装备、管理体制等都是建设现代林业过程中的必要手段，而最终体现出来的是林业发展的状态和方向。因此，现代林业就是可持续发展的林业，它是指充分发挥林业资源的多种功能和多重价值，不断满足社会多样化需求的林业发展状态和方向。

三、现代林业的内涵

内涵是对某一概念中所包含的各种本质属性的具体界定。虽然"现代林业"这一概念的表述方式可以是相对不变的，但是随着时代的变化，其现代的含义和林业的含义都是不断丰富和发展的。

对于现代林业的基本内涵，在不同时期，国内许多专家给予了不同的界定。有的学者认为，现代林业是由一个目标（发展经济、优化环境、富裕人民、贡献国家）、两个要点（森林和林业的新概念）、三个产业（林业第三产业、第二产业、第一产业）彼此联系在一起综合集成形成的一个高效益的林业持续发展系统。还有的学者认为，现代林业强调以生态环境建设为重点，以产业化发展为动力，全社会广泛参与和支持为前提，积极广泛地参与国际交流合作，从而实现林业资源、环境和产业协调发展，经济、环境和社会效益高度统一的林业。现代林业与传统林业相比，其优势在于综合效益高，利用范围很大，发展潜力很突出。

贾治邦指出：现代林业，就是科学发展的林业，是以人为本、全面协调可持续发展的林业，是体现现代社会主要特征、具有较高生产力发展水平，能够最大限度拓展林业多种功能，满足社会多样化需求的林业。同时，从发展理念、经营目标、科学技术、物质装备、管理手段、市场机制、法律制度、对外开放、人员素质九个方面论述了建设现代林业的基本要求，这一论述较为全面地概括了现代林业的基本内涵。[①]

综上所述，中国现代林业的基本内涵可表述为：以建设生态文明社会为目标，以可持续发展理论为指导，用多目标经营做大林业，用现代科学技术提升林业，用现代物质条件装备林业，用现代信息手段管理林业，用现代市场机制发展林业，用现代法律制度保障林业，用扩大对外开放拓展林业，用高素质新型务林人推进林业，努力提高林业科学化、机械化和信息化水平，提高林地产出率、资源利用率和劳动生产率，提高林业发展的质量、素质和效益，建设完善的林业生态体系、发达的林业产业体系和繁荣的生态文化体系。

（一）现代发展理念

理念就是理性的观念，是人们对事物发展方向的根本思路。现代林业的发展理念，就是通过科学论证和理性思考而确立的未来林业发展的最高境界和根本观念，主要解决林业发展走什么道路、达到什么样的最终目标等根本方向问题。因此，现代林业的发展理念，必须是最科学的，既符合当今世界林业发展潮流，又符合中国的国情和林情。

中国现代林业的发展理念应该是：以可持续发展理论为指导，坚持以生态建设为主的林业发展战略，全面落实科学发展观，最终实现人与自然和谐的生态文明社会。这一发展理念的四个方面是一脉相承的，也是一个不可分割的整体。建设人与自然和谐的生态文明社会，是党的十七大报告提出的实现全面建设小康社会目标的新要求之一，是落实科学发展观的必然要求，也是"三生态"战略思想的重要组成部分，充分体现了可持续发展的基本理念，成为现代林业建设的最高目标。

可持续发展理论是在人类社会经济发展面临着严重的人口、资源与环境问题的背景下产生和发展起来的，联合国环境规划署把可持续发展定义为满足当前需要而又不削弱子孙后代满足其需要之能力的发展。可持续发展的核心是发展，重要标志是资源的永续利用和良好的生态环境。可持续发展要求既要考虑当前发展的需要，又要考虑未来发展的需要，不以牺牲后代人的利益为代价。在建设现代林业的过程中，要充分考虑发展的可持续性，既充分满足当代人对林业三大产品的需求，又不对后代人的发展产生影响。大力发展循环经济，建设资源节约型、环境友好型社会，必须合理利用资源、大力保护自然生态和自然资源，恢复、治理、重建和发展自然生态和自然资源，是实现可持续发展的必然要求。可持续林业从健康、完整的生态系统、生物多样性、良好的环境及主要林产品持续生产等诸多方面，反映了现代林业的多重价值观。

（二）多目标经营

森林具有多种功能和多种价值，从单一的经济目标向生态、经济、社会多种效益并

---

① 贾治邦. 林业发展战略谈 [M]. 北京：中国言实出版社，2006.

重的多目标经营转变，是当今世界林业发展的共同趋势。由于各国的国情、林情不同，其林业经营目标也各不相同。德国、瑞士、法国、奥地利等林业发达国家在总结几百年来林业发展经验和教训的基础上提出了近自然林业模式；美国提出了从人工林计划体系向生态系统经营的高层过渡；在日本则通过建设人工培育天然林、复层林、混交林等措施来确保其多目标的实现。20世纪80年代中期，我国对林业发展道路进行了深入系统的研究和探索，提出了符合我国国情林情的林业分工理论，按照林业的主导功能特点或要求划类，并按各类的特点和规律运行的林业经营体制和经营模式，通过森林功能性分类，充分发挥林业资源的多种功能和多种效益，不断增加林业生态产品、物质产品和文化产品的有效供给，持续不断地满足社会和广大民众对林业的多样化需求。

中国现代林业的最终目标是建设生态文明社会，具体目标是实现生态、经济、社会三大效益的最大化。

第三节 林业建设的总体布局

一、总体布局

（一）构建点、线、面相结合的森林生态网络

良好的生态环境，应该建立在总量保证、布局均衡、结构合理、运行通畅的植被系统基础上。森林生态网络是这一系统的主体。当前我国生态环境不良的根本原因是植被系统不健全，而要改变这种状况的根本措施就是建立一个合理的森林生态网络。

建立合理的森林生态网络应该充分考虑下述因素。一是森林资源总量要达到一定面积，即要有相应的森林覆盖率。按照科学测算，森林覆盖率至少要达到26%以上。二要做到合理布局。从生态建设需要和我国国情、林情出发，今后恢复和建设植被的重点区域应该是生态问题突出、有林业用地但又植被稀少的地区，如西部的无林少林地区、大江大河源头及流域、各种道路两侧及城市、平原等。三是提高森林植被的质量，做到林种、树种、林龄及森林与其他植被的结构搭配合理。四是有效保护好现有的天然森林植被，充分发挥森林天然群落特有的生态效能。从这些要求出发，以林为主，因地制宜，实行乔灌草立体开发，是从微观的角度解决环境发展的时间与空间、技术与经济、质量与效益结合的问题；而点、线、面协调配套，则是从宏观发展战略的角度，以整个国土生态环境为全局，提出森林生态网络工程总体结构与布局的问题。

"点"是指以人口相对密集的中心城市为主体，辐射周围若干城镇所形成的具有一定规模的森林生态网络点状分布区。它包括城市森林公园、城市园林、城市绿地、城郊结

合部以及远郊大环境绿化区（森林风景区、自然保护区等）。

城市是一个特殊的生态系统，它是以人为主体并与周围的其他生物和非生物建立相互联系、受自然生命保障系统所供养的"社会—经济—自然"复合生态系统。随着经济的持续高速增长，我国城市化发展趋势加快，已经成为世界上城市最多的国家之一，现有城市 680 多座，城市人口已约占总人口的 50%，尤其是经济比较发达的珠江三角洲、长江三角洲、胶东半岛以及京、津、唐地区已经形成城市走廊（或称城市群）的雏形，虽然城市化极大地推动了我国社会进步和经济繁荣，但在没有强有力的控制条件下，城市化不可避免地导致城市地区生态的退化，各种环境困扰和城市病愈演愈烈。因此，以绿色植物为主体的城市生态环境建设已成为我国森林生态网络系统工程建设不可缺少的一个重要组成部分，引起了全社会和有关部门的高度重视。根据国际上对城市森林的研究和我国有关专家的认识，现代城市的总体规划必须以相应规模的绿地比例为基础（国际上通常以城市居民人均绿地面积不少于 $10m^2$ 作为最低的环境需求标准），同时，按照城市的自然、地理、经济和社会状况，已用城市规划、城市性质等确定城市绿化指标体系，并制定城市"三废"（废气、废水、废渣）排放以及噪声、粉尘等综合治理措施和专项防护标准。城市森林建设是国家生态环境建设的重要组成部分，必须把城市森林建设作为国家生态环境建设的重要组成部分。城市森林建设是城市有生命的基础设施建设，人们向往居住在空气清新、环境优美的城市环境里的愿望越来越迫切，这种需求已成为我国城市林业发展和城市森林建设的原动力。近年来，在国家有关部门提出的建设森林城市、生态城市及园林城市、文明卫生城市的评定标准中，均把绿化达标列为重要依据，表明我国城市建设正逐步进入法制化、标准化、规范化轨道。

"线"是指以我国主要公路、铁路交通干线两侧、主要大江与大河两岸、海岸线以及平原农田生态防护林带（林网）为主体，按不同地区的等级、层次标准以及防护目的和效益指标，在特定条件下，通过不同组合建成乔灌草立体防护林带。这些林带应达到一定规模，并发挥防风、防沙、防浪、护路、护岸、护堤、护田和抑螺防病等作用。

"面"是指以我国林业区划的东北区、蒙新区、黄土高原区、华北区、南方区、西南区、华南热带区、等为主体，以大江、大河、流域或山脉为核心，根据不同自然状况所形成的森林生态网络系统的块状分布区。它包括西北森林草原生态区、各种类型的野生动植物自然保护区以及正在建设中的全国重点防护林体系工程建设区等，形成以涵养水源、水土保持、生物多样化、基因保护、防风固沙以及用材等为经营目的、集中连片的生态公益林网络体系。

我国森林生态网络体系工程点、线、面相结合，从总体布局上是一个相互依存、相互补充，共同发挥社会公益效益，维护国土生态安全的有机整体。

（二）实行分区指导

根据不同地区对林业发展的要求和影响生产力发展的主导因素，按照"东扩、西治、南用、北休"的总体布局和区域发展战略，实行分区指导。

1. 东扩

发展城乡林业，扩展林业产业链，主要指我国中东部地区和沿海地区。

主攻方向：通过完善政策机制，拓展林业发展空间，延伸林业产业链，积极发展城乡林业，推动城乡绿化美化一体化，建设高效农田防护林体系，大力改善农业生产条件，兼顾木材加工业原料需求以及城乡绿化美化的种苗需求，把这一区域作为我国木材供应的战略支撑点之一，促进林业向农区、城区和下游产业延伸，扩展林业发展的领域和空间。

2. 西治

加速生态修复，实行综合治理，主要指我国西部的"三北"地区、西南峡谷和青藏高原地区，是林业生态建设的主战场，也是今后提高我国森林覆盖率的重点地区。

主攻方向：在优先保护好现有森林植被的同时，通过加大西部生态治理工程的投入力度，加快对风沙源区、黄土高原区、大江大河源区和高寒地区的生态治理，尽快增加林草植被，有效地治理风沙危害，努力减轻水土流失，切实改善西部地区的生态状况，保障我国的生态安全。

3. 南用

发展产业基地，提高森林质量和水平，主要指我国南方的集体林区和沿海热带地区，是今后一个时期我国林业产业发展的重点区域。

主攻方向：在积极保护生态的前提下，充分发挥地域和政策机制的优势，通过强化科技支撑，提高发展质量，加速推进用材林、工业原料林和经济林等商品林基地建设，大力发展林纸林板一体化、木材加工、林产化工等林业产业，满足经济建设和社会发展对林产品的多样化需求。

4. 北休

强化天然林保育，继续休养生息，主要指我国东北林区。

主攻方向：通过深化改革和加快调整，进一步休养生息，加强森林经营，在保护生态前提下，建设我国用材林资源战略储备基地，把东北国有林区建设成为资源稳步增长、自然生态良好、经济持续发展、生活明显改善、社会全面进步的社会主义新林区。

（三）重点突出环京津生态圈，长江、黄河两大流域，东北、西北和南方三大片

环京津生态圈是首都乃至中国的"形象工程"。在这一生态圈建设中，防沙治沙和涵养水源是两大根本任务。它对降低这一区域的风沙危害、改善水源供给，同时对优化首都生态环境、提升首都国际形象、举办绿色奥运等具有特殊的经济意义和政治意义。这一区域包括北京、天津、河北、内蒙古、山西五个省（直辖市、自治区）的相关地区。生态治理的主要目标是为首都阻沙源、为京津保水源，并为当地经济发展和人民生活开拓财源。

生态圈建设的总体思路是加强现有植被保护，大力封沙育林育草、植树造林种草，加快退耕还林还草，恢复沙区植被，建设乔灌草相结合的防风固沙体系；综合治理退化草原，实行禁牧舍饲，恢复草原生态和产业功能；搞好水土流失综合治理，合理开发利用水资源，改善北京及周边地区的生态环境；缓解风沙危害，促进北京及周边地区经济和社会的可持续发展。主要任务是造林营林，包括退耕还林、人工造林、封沙育林、飞播造林、种苗基地建设等；治理草地，包括人工种草、飞播牧草、围栏封育、草种基地建设及相关的基础设施建设；建设水利设施，包括建立水源工程、节水灌溉、小流域综合治理等。基于这一区域多处在风沙区、经济欠发达和靠近京津、有一定融资优势的特点，生态建设应尽可能选择生态与经济结合型的治理模式，视条件发展林果业，培植沙产业，同时，注重发展非公有制林业。

长江流域主要包括长江及淮河流域的青海、西藏、甘肃、四川、云南、贵州、重庆、陕西、湖北、湖南、江西、安徽、河南、江苏、浙江、山东、上海17个省（自治区、直辖市），建设思路是：以长江为主线，以流域水系为单元，以恢复和扩大森林植被为手段，以遏制水土流失、治理石漠化为重点，以改善流域生态环境为目标，建立起多林种、多树种相结合，生态结构稳定和功能完备的防护林体系。主要任务是：开展退耕还林、人工造林、封山（沙）育林、飞播造林及低效林改造等。同时，要注重发挥区域优势，发展适销对路和品种优良的经济林业，培植竹产业，大力发展森林旅游业等林业第三产业。

在黄河流域，重点生态治理区域是上中游地区，主要包括青海、甘肃、宁夏、内蒙古、陕西、山西、河南的大部分或部分地区。生态环境问题最严重的是黄土高原地区，总面积约为64万km^2，是世界上面积最大的黄土覆盖地区，气候干旱，植被稀疏，水土流失十分严重，流失面积占黄土高原总面积的70%，是黄河泥沙的主要来源地。建设思路是：以小流域治理为单元，对坡耕地和风沙危害严重的沙化耕地实行退耕还林，实行乔灌草结合，恢复和增加植被；对黄河危害较大的地区要大力营造沙棘等水土保持林，减少粗沙流失危害；积极发展林果业、畜牧业和农副产品加工业，帮助农民脱贫致富。

东北片、西北片和南方片。东北片和南方片是我国的传统林区，既是木材和林产品供给的主要基地，也是生态环境建设的重点地区；西北片是我国风沙危害、水土流失的主

要区域，是我国生态环境治理的重点和"瓶颈"地区。

东北片肩负商品林生产和生态环境保护的双重重任，总体发展战略是：通过合理划分林业用地结构，加强现有林和天然次生林保护，建设完善的防护体系，防止内蒙古东部沙地东移；通过加强三江平原、松辽平原农田林网建设，完善农田防护林体系，综合治理水土流失，减少坡面和耕地冲刷；加强森林抚育管理，提高森林质量，同时，合理区划和建设速生丰产林，实现由采伐天然林为主向采伐人工林为主的转变，提高木材及林产品供给能力；加强与俄罗斯东部区域的森林合作开发，强化林业产业，尤其是木材加工业的能力建设；合理利用区位优势和丘陵浅山区的森林景观，发展森林旅游业及林区其他第三产业。

西北片面积广大，地理条件复杂，有风沙区、草原区，还有丘陵、戈壁、高原冻融区等。这里主要的生态问题是水土流失、风沙危害及与此相关的旱涝、沙暴灾害等，治理重点是植树种草，改善生态环境。主要任务是：切实保护好现有的天然林生态系统，特别是长江、黄河源头及流域的天然林资源和自然保护区；实施退耕还林，扩大林草植被；大力开展沙区，特别是沙漠边缘区造林种草，控制荒漠化扩大趋势；有计划地建设农田和草原防护林网；有计划地发展薪炭林，逐步解决农村能源问题；因地制宜地发展经济林果业、沙产业、森林旅游业及林业多种经营。

南方片自然条件相对优越，立地条件好，适宜森林生长。全区经济发展水平高，劳动力充足，交通等社会经济条件好；集体林多，森林资源总量多，分布较为均匀。林业产业特别是人工林培育业发达，森林单位面积的林业产值高，适生树种多，林地利用率高，林地生产率较高。总体上，这一地区具有很强的原料和市场指向，适宜大力发展森林资源培育业和培育、加工相结合的大型林业企业。主要任务是：有效提高森林资源质量，调整森林资源结构和林业产业结构，提高森林综合效益；建设高效、优质的定向原料林基地，将未来林业产业发展的基础建立在主要依靠人工工业原料林上，同时，大力发展竹产业和经济林产业；进行深加工和精加工，大力发展木材制浆造纸业，扶持发展以森林旅游业为重点的林业第三产业及建立在高新技术开发基础上的林业生物工程产业。

二、区域布局

（一）东北林区

以实施东北内蒙古重点国有林区天然林保护工程为契机，促进林区由采伐森林为主向管护森林为主转变，通过休养生息恢复森林植被。

这一地区主要具有原料的指向性（且可以来自俄罗斯东部森林），兼有部分市场指向（且可以出售国外），应重点发展人工用材林，大力发展非国境线上的山区林业和平原林业；应提高林产工业科技水平，减少初级产品产量，提高精深加工产品产量，从而用较少的资源消耗获得较大的经济产出。

（二）西北、华北北部和东北西部干旱半干旱地区

实行以保护为前提、全面治理为主的发展策略。在战略措施上应以实施防沙治沙工程和退耕还林工程为核心，并对现有森林植被实行严格保护。

一是在沙源和干旱区全面遏制沙化土地扩展的趋势，特别是对直接影响京津生态安全的两大沙尘暴多发地区，进行重点治理。在沙漠仍在推进的边缘地带，以种植耐旱灌木为主，建立起能遏制沙漠推进的生态屏障；对已经沙化的地区进行大规模的治理，扩大人类的生存空间；对沙漠中人们集居形成的绿洲，在巩固的基础上不断扩大绿洲范围。二是对水土流失严重的黄土高原和黄河中上游地区、林草交错带上的风沙地等实行大规模退耕还林还草，按照"退耕还林、封山绿化、以粮代赈、个体承包"的思路将退化耕地和风沙地的还林还草和防沙治沙、水土治理紧密结合起来，大力恢复林草植被，以灌草养地。为了考虑农民的长远生计和地区木材等林产品供应，在林灌草的防护作用下，适当种植用材林和特有经济树种，发展经济果品及其深加工产品。三是对仅存的少量天然林资源实行停伐保护，国有林场职工逐步分流。

（三）华北及中原平原地区

在策略上适宜发展混农林业或种植林业。一方面建立完善的农田防护林网，保护基本耕地；另一方面，由于农田防护林生长迅速，应引导农民科学合理地利用沟渠路旁、农田网带、滩涂植树造林，通过集约经营培育平原速生丰产林，从而不断地产出用材，满足木材加工企业的部分需求，实现生态效益和经济效益的双增长。同时，在靠近城市的地区，发展高投入、高产出的种苗花卉业，满足城市发展和人们生活水平逐渐提高的需要。

（四）南方集体林地区

南方集体林地区的主要任务是有效提高森林资源质量，建设优质高效用材林基地、集约化生产经济林，大力发展水果产业，加大林业产业的经济回收力度，调整森林资源结构和林业产业结构，提高森林综合效益。

在策略上首先应搞好分类经营，明确生态公益林和商品林的建设区域。结合退耕还林工程，加快对尚未造林的荒山荒地绿化、陡坡耕地还林和灌木林的改造，利用先进的营造林技术对难利用土地进行改造，尽量扩大林业规模，强化森林经营管理，缩短森林资源的培育周期，提高集体林质量和单位面积的木材产量。另外，通过发展集团型林企合成体，对森林资源初级产品深加工，提高精深加工产品的产出。

（五）东南沿海热带林地区

东南沿海热带林地区的主要任务是在保护好热带雨林和沿海红树林资源的前提下，

发展具有热带特色的商品林业。

在策略上主要实施天然林资源保护工程、沿海防护林工程和速生丰产用材林基地建设工程。在适宜的山区和丘陵地带大力发展集约化速生丰产用材林、热带地区珍稀树种大径材培育林、热带水果经济林、短伐期工业原料林，尤其是热带珍稀木材和果品，发展木材精深加工和林化产品。

（六）西南高山峡谷地区

西南高山峡谷地区的主要任务是建设生态公益林，改善生态环境，确保大江大河生态安全。在发展策略上应以保护天然林、建设江河沿线防护林为重点，以实施天然林资源保护工程和退耕还林工程为契机，将天然林停伐保护同退耕还林、治理荒山荒地结合进行。在地势平缓、不会形成水土流失的适宜区域，可发展一些经济林和速生丰产用材林、工业原料林基地；在缺薪少柴地区，发展一些薪炭林，以缓解农村烧柴对植被破坏的压力。同时，大力调整林业产业结构，提高精深加工产品的产出，重点应发展人造板材。

（七）青藏高原高寒地区

青藏高原高寒地区的主要任务是保护高寒高原典型生态系统。应采取全面的严格保护措施，适当辅以治理措施，防止林、灌、草植被退化，增强高寒湿地涵养水源功能，确保大江大河中下游的生态安全。同时，要加强对野生动物的保护、管理和执法力度。

（八）城市化地区

加大城市森林建设力度，要将城市林业发展纳入城市总体发展规划，突出重点，强调游憩林建设和人居林、生态林建设，从注重视觉效果为主向视觉与生态功能兼顾转变；从注重绿化建设用地面积的增加向提高土地空间利用效率转变；从集中在建成区的内部绿化美化向建立城乡一体的城市森林生态系统转变。

在重视林业生态布局的同时，也要重视林业产业布局。东部具有良好的经济社会条件，用政策机制调动积极性，将基干林带划定为国家重点公益林并积极探索其补偿新机制，出台适应平原林业、城市林业和沿海林业特点的木材采伐管理办法，延伸产业，形成一、二、三产业协调发展的新兴产业体系。持续发展，就是要全面提高林业的整体水平，实现少林地区的林业可持续发展。

西部的山西、内蒙古中西部、河南西北部、广西西北部、重庆、四川、贵州、云南、西藏、陕西、甘肃、宁夏、青海、新疆等地为我国生态最脆弱、治理难度最大、任务最艰巨的区域，加快西部地区的生态治理步伐，为西部大开发战略的顺利实施提供生态基础支撑。

南部的安徽南部、湖北、湖南、江西及浙江、福建、广东、广西、海南等林业产业发展最具活力的地区，充分利用南方优越的水利条件和经济社会优势，全面提高林业的质量和效益；加大科技投入，强化科技支撑，以技术升级提升林业的整体水平，充分发挥区域自然条件优势，提高林地产出率，实现生态、经济与社会效益的紧密结合和最大化。

北部深入推进辽宁、吉林、黑龙江和内蒙古大兴安岭等重点国有林区天然林休养生息政策，大力改革东北林区森林资源管理体制、经营机制和管理方式，将产业结构由单一的木材采伐利用转变到第一、二、三产业并重上来。加速构筑东北地区以森林植被为主体的生态体系、以丰富森林资源为依托的产业体系、以加快森林发展为对象的服务体系，最终实现重振东北林业雄风的目标。

另外，在进行区域布局时应加强生态文明建设，"文明不仅是人类特有的存在方式，而且是人类唯一的存在方式，也就是人类实践的存在方式"。"生态文明"是在生态良好、社会经济发达、物质生产丰厚的基础上所实现的人类文明的高级形态，是与社会法律规范和道德规范相协调，与传统美德相承接的良好的社会人文环境、思想理念与行为方式，是经济社会可持续发展的重要标志和先进文化的重要象征，代表了最广大人民群众的根本利益。建立生态文明、经济繁荣的社会，就是要按照以人为本的发展观、不侵害后代人的生存发展权的道德观、人与自然和谐相处的价值观，指导林业建设，弘扬森林文化，改善生态环境，实现山川秀美，推进我国物质文明和精神文明建设，促使人们在思想观念、思维方式、科学教育、审美意识、人文关怀诸方面产生新的变化，逐步从生产方式、消费方式、生活方式等各方面构建生态文明的社会形态。

中国作为最大的发展中国家，正在致力于建设山川秀美、生态平衡、环境整洁的现代文明国家。在生态建设进程中，我们必须把增强国民生态文明意识列入国民素质教育的重要内容。通过多种形式，向国民特别是青少年展示丰富的森林文化，扩大生态文明宣传的深度和广度，增强国民生态忧患意识、参与意识和责任意识。

第四节 林业的评价指标体系

一、现代林业评价指标体系的组成

现代林业指标体系是由生态系统、经济系统、社会系统组成的复合开放系统，为了全面准确描述该系统特征，可以将现代林业指标体系划分为三个层次，第一层次分解为生态、经济、社会和保障四个截面，称"功能层"，它标志着现代林业的内部功能差异；第二层次是对第一层次生态、经济、社会三个截面的进一步分解和描述，称"指数层"，它针对现代林业四大服务功能，予以本质上的识别；第三层次是对第二层次所表述的指标综合，称"指标层"，这是进行定标、量化、动态实时调控的单元和要素，也是度量现代林业建设发展有效、最直接、最基层的元素。

二、评价指标的选择与划分依据

（一）指标体系的基本特征与分类

现代林业的指标体系要能够准确反映现代林业所具有的静态与动态双重特性。静态的特性体现在作为某一时间阶段林业发展水平与社会经济综合发展要求的差距的衡量标准，以及比较和衡量一个地方、国家或区域林业发展水平所处的阶段和层次。如目前林业发达国家的林业科技和产业发展水平，可能是某些指标的最高计量值，可作为现代林业发展水平衡量的静态参照系。然而必须注意到：一方面，即使是林业发达的国家，其国与国之间或各国内部区域之间，林业发展的水平也存在差异，同时，其林业的发展水平也未必与其社会经济的发展相协调，且其随着时间的推移而不断地进步和变化；另一方面，人的预测能力是有限的，并受许多因素的制约，未来的林业发展水平和发达程度在许多方面是不可预知的。因此，现代林业发展的综合评价指标体系不可避免地具有明显的动态特征。

现代林业既重视林业的经济效益，又注重林业的生态和社会效益。因此，指导现代林业的思想体系不可能脱离森林生态学的理论范畴和经济学及社会学的理论体系，或者是这几个领域的结合。如果单纯从衡量社会进步的理论方法来看，经济学和生态学是两种对立的世界观，单纯的经济指标，如国家账户制度下的林业生产总值、林区人均收入等，均不考虑和反映经济发展所付出的环境和资源代价，显示不出林业的真实水平和发展状况，必须有更好的替代指标。因此，现代林业发展评价指标的选择必须以上述理论范畴为基础，同时也要具有实际的可操作性。

例如，在全球经济和生活质量衡量指标的研究中，经济学家赫尔曼•达里和神学家约翰•布提出的可持续经济福利指数（Index of Sustainable Economic Welfare，ISEW），是目前最精准的一项可持续发展指标，它在衡量生活质量时，不仅考虑了人均消费量，并且考虑了分配和环境退化因素，具体来说，包括资源利用和污染开支[①]。

可持续经济福利指数（ISEW）=个人消费+非防御性公共开支-防御性公共开支+资产构成-环境破坏开支-自然资产衰减

在低收入的国家，人均粮食消费量较之收入与生活质量具有更为密切的关系，它着重于对人类基本需求的满足，而且不受购买力差异的影响，能更好地显示生活质量的改善或恶化。同时，粮食生产还是比收入更敏感的环境退化的度量计，因为除农业以外的环境破坏活动，如空气污染，随全球变暖而来的冬季高温（冬季高温影响森林的分布及其生产

① 杜斌，张坤民，温宗国，宋国君. 可持续经济福利指数衡量城市可持续性的应用研究 [J]. 环境保护，2004（8）：51-54.

力的变化）以及过度砍伐森林导致的洪水增多，对粮食生产的影响更是立竿见影。

现代林业以综合开发利用和保护森林资源为目标，以现代科学技术、设备为武装，以现代科学管理为手段，遵循现代市场导向和调控，以比较发达的林业产业体系和比较完备的生态体系为标志，促进国家建设，民族富强。因此，本书中关于指标的划分，主要从资源、环境、社会经济和科学技术四个方面来描述。

（二）选择依据与划分标准

1.林地

林地资源是土地资源的重要组成部分。林地即林业用地，是指郁闭度在0.2以上的有林地、疏林地、灌木林地、未成林造林地、苗圃用地和宜林地。它提供了林业资源潜力的重要信息。通过林业土地利用活动，可以重建自然环境的结构，保护和改善土地资源、野生生物以及大范围的空气和水的质量等。因此，无论从林业经济前景还是从环境前景来看，林业土地的利用与变化都是森林可持续经营和林业可持续发展的基础。

林地资源的概念，在一般的问题讨论中，往往被森林资源的概念所遮盖或取代。实质上，森林资源的多少，只是林业资源的一个部分而已。林业的基础是在建立作为林业资源载体的林地资源（数量、分布、质量）的基础上的，林地资源的数量、分布、质量及其稳定性、利用状况和生产力水平的高低，这些因素均直接影响着森林资源的总体格局和变化，进而决定了林业的发展水平。

林地及时更新不但可以提高林地利用率，而且能有效地保持水土；林地裸露的时间越长，越容易引起表土的流失，降低土壤肥力。

林业的可持续发展，是以林地资源的永续利用为基础。林地资源的有效利用和生产力的提高，是我国现代林业发展的重要问题。我国林地的90%集中在山区，因此，林地资源又是广大山区人民赖以生存和发展的基础。

正确认识林地资源与林业生产的关系，了解林地资源的数量、分布、质量及其在林业和国民经济中的地位与作用，是保护、利用林地资源与林业可持续发展的基础。若林地资源得不到合理的保护、开发与利用，则林业的可持续发展就无从谈起，也就不可能实现由传统林业向现代林业的历史性转变。

2.森林资源

森林资源是森林可持续发展的基础。在不同的历史发展时期，人们赋予森林资源的含义是不同的。现代林业对森林资源的认识已经提高到了陆地生态系统的主体地位水平，关系到人类社会的可持续发展与否。因此，衡量资源的标准与指标也不能再局限于单纯木材资源的层次，应该突出林业的多资源特征。森林资源指标主要包括资源状况指标、资源消长指标，以及体现森林资源经营状况的经营水平衡量指标等。

资源的比例消长动态关系，是可持续发展的物化特征。森林覆盖率是表示森林资源总量的最重要指标之一。森林覆盖率低，分布不均，往往是造成各类自然灾害的直接原因。我国的森林覆盖率只有16.55%，且集中在东北、西南和沿海等少数地区。

森林作为重要的原料资源，其供应的持续与否对国民经济和人民生活的影响非常大。目前我国每年大约有6000万的木材供应缺口，使我国成为世界木材的重要消费国之一；另一个严重问题是我国的成熟林、过熟林蓄积量很小，可采资源日渐枯竭，给主要林区的林业生产，乃至当地人民的生活都造成了非常不利的影响。幼龄林、中龄林、成龄林面积和蓄积的比例系数是衡量资源质量的关键性指标，这一比例系数反映了现有可采资源和后备资源的基本情况；人工林是自然资源保存量受到各种因素的限制而不能满足社会发展的需求时采取的工程措施，人工林的比例并不能确切反映森林的真实质量。把人工林的面积所占比例与木材生产中人工林生产木材的比例结合起来，就可以反映出该地区森林经营的总体水平。

另外，衡量森林资源可持续经营与否的指标必须具有动态特性，但此类指标不能机械地应用。森林资源的动态消长量是有一定变化范围的，不能一出现负向变化就认为其可持续性遭到破坏，只能说出现负向变化是一种应当引起重视的指示信号，应该从全局的角度去考查出现这种情况的真正原因，以便确定调整战略，保证森林资源的经营有一定的可信度。

提高资源的综合利用率是节约与保护森林资源的又一重要措施，针对我国木材利用率相对较低的现实，应加大力度提高木材加工利用率，进而提高森林资源的综合利用率。

保护和合理利用林地资源，充分挖掘其潜力，是保护森林资源的重要措施之一，也是山区综合开发、人民脱贫致富的关键。

建立自然保护区是国家和地区发展的共同目标。根据不同的土地类型和生态系统类型，划分不同级别的自然保护区，是维持生态系统、保护野生物种和维护人与自然关系的重要手段，也是一个国家林业发展水平的重要标志。

3. 森林经营与林业产业经济发展

随着我国国民经济的快速发展，人们生活水平不断提高，社会对森林的需求结构也由过去单一的木材和简单的林副产品的需求，转向对森林生态环境及其他新型林业加工产品的多元化需求。从本质上说，这种需求的变化就是对森林培育目标提出的要求和挑战。作为以森林为经营对象的行业，若不适应这一变化，林业的生存空间和发展道路就会越来越窄。为了满足社会需求变化和林业发展的要求，在面临有限林地和森林资源的情况下，必须对森林进行目标化经营和管理，从林业产业结构和林业经营活动上实现分类经营和管理。这样做既满足当代人的需求目标，又能为后代人的生存与发展提供良好的基础支撑条件。

传统林业的中心任务就是生产木材和利用木材，而现代林业则认为森林除生产木材外，还应具有更为广大的综合效益，即具有经济、生态和社会效益多个方面。传统林业是单效低效的林业，是粗放的劳动密集型的林业；而现代林业则是多效高效的林业，是集约的技术密集型的林业。在林业经济活动中，林产品贸易是一项十分重要的经济活动。面对世界经济全球化、贸易自由化的发展趋势，以及目前仍存在的严重的不合理和不公平的贸易状况，林业的对外贸易也对它的发展产生着较大的影响，在某种程度上直接加速了森林的不合理采伐和生态环境的破坏。

森林经营水平伴随社会经济的发展而发展。因此，在经济发展水平不同的地区使用此类指标一定要充分考虑当地的经济发展水平，考虑社会的接受程度。超越经济发展水平的过高要求只会挫伤人们的积极性，对社会的发展十分不利。

现代林业的经济指标是衡量现代林业产业（包括森林培育业、木材采运工业、林产工业和森林旅游业）体系的最主要的标准。木材采运工业、林产工业（包括制浆造纸工业）等就是所谓的第二产业；森林旅游业等则属于第三产业。具体的森林旅游指标可划归生态指标范畴，因为它是由景观生态功能产生的经济效益。

劳动就业程度是反映现代林业产业发展水平的重要标志之一，应该属于现代林业的经济指标，但劳动力的素质以及相关的社会人口数量和质量却属于人力资源范畴，即应属于现代林业的社会指标。

4. 林业与生态环境

林业生产与环境质量的关系十分复杂。把生产与环境质量当作可以互换的商品在短期内是可以的，但从长远看就不再有效，例如生产与 CO_2 排放及其与气候变化的关系和国民经济的关系等。另外，环境是一个多维变量，有土壤污染、水污染、空气污染、工作环境、美学价值等，它们不是每一个都能用目前的技术进行描述，尤其是定量描述。

森林生物多样性越丰富，说明食物链越长，森林生态系统的自我调节和抗干扰能力就越强，生物循环越旺盛，生物生产力越大。因此，衡量一个地区林业发展水平，必须考虑该地区森林生态系统的稳定性。

5. 科学技术

无论从资源、环境还是产业来看，林业发展的根本出路在于依靠科学技术和现代化的科学管理。运用现代科学技术改造传统林业，以增资源、增效益、增活力为目标，为林业可持续发展提供技术保障，实现林业由传统经营向现代林业的转变。科学技术进步是林业发展的根本推动力，林产品的科技含量和林业发展中的科技贡献率是林业发展水平的重要指标。

6.投入

不断增加对林业产业的投入是发达国家和发展中国家的共识。对林业投入的力度直接关系到林业发展的速度和水平。

总之，我国地域广阔，地貌类型复杂，气候和森林植被类型多样，区域经济发展和社会发展的差异巨大。因此，在研究现代林业指标体系时必须充分考虑这些差异特征，必须从一个国家和区域的不同层次出发考虑问题，应该分别建立科学合理的指标体系，最终实现综合判别和评价国家和区域现代林业发展的水平。

三、林业技术经济效果的指标

林业技术经济效果既有直接效果，又有间接效果。要准确、全面地评价林业技术经济效果，不是某一两项指标所能奏效的。所用指标的准确性和完整性，关系到是否能够科学如实地反映林业技术的经济效果。因此，要科学地设置一系列相互联系、相互补充的评价指标。这些互相联系、互相补充的评价指标便形成了林业技术经济效果的指标体系。

林业技术经济效果指标反映在林业生产中劳动消耗与生产成果之间的数量关系，可分为绝对数量经济效果指标组和相对数量经济效果指标组。

（一）绝对数量经济效果指标组

绝对数量经济效果表达式是生产成果减去劳动消耗。

净产值＝产值－物化劳动消耗

纯收入＝产值－（物化劳动消耗+活劳动消耗）

（二）相对数量经济效果指标组

经济效果的相对数量指标是生产成果和劳动消耗之比，主要有以下几种。

1.林地生产率

它反映单位林地面积上的产量或产值。

林地生产率＝产品产量（产值）/占用林地面积

2.林业劳动生产率

它反映消耗单位劳动时间所生产的产品产量或产值。

林业劳动生产率＝产品产量（产值）/消耗的活劳动时间

3.成本产品率（产值率）

它反映消耗单位生产费用所生产的产品产量或产值。

成本产品（产值）率＝产品产量（产值）/生产成本

4.资金产品（产值）率

它反映单位资金所生产的产品产量（产值）。资金包括固定资金和流动资金。

资金产品（产值）率＝产品产量（产值）/资金占用值

由于资金包括固定资金和流动资金，故资金产品（产值）率分为固定资金产品（产值）率、流动资金产品（产值）率和总资金产品（产值）率。

四、林业技术经济效果的评价方法

林业技术经济分析的方法有比较分析法、因素分析法和量本利分析法等。

（一）比较分析法

比较分析法是林业技术经济分析的最基本方法，是将不同的技术措施、技术方案的技术经济效果指标列示出来，进行比较，从中选择最佳方案。最常用的为直接对比法。

直接对比法是对评价指标直接进行对比，选择技术经济效果较佳的技术方案。利用比较分析法时，首先分析对象要有可比性；其次劳动消耗要有可比性，而且计算劳动消耗的方法要一致，如固定资产折旧率标准、劳动报酬标准等。

（二）因素分析法

因素分析法是分析两个或两个以上因素对技术方案经济效果影响程度的一种量化方法。常用方法有连环替代法和因素分解法。

1.连环替代法

连环替代法是在假定其他影响不变的情况下，依次改变其中一个因素的量来计算其对经济效果的影响程度。公式如下：

$$M = A_1 B_1 C_1 - A_0 B_0 C_0$$
$$= (A_1 B_0 C_0 - A_0 B_0 C_0) + (A_1 B_1 C_0 - A_1 B_0 C_0) + (A_1 B_1 C_1 - A_1 B_1 C_0)$$

式中，M——经济效果变化程度；

A_1、B_1、C_1——各影响因素的新值；

A_0、B_0、C_0——各影响因素的原值。

2.因素分解法

因素分解法即按各影响因素与经济效果的内在联系和函数关系，计算各影响因素变化对经济效果的影响程度。当影响因素与经济效果之间的关系较复杂又无统一的函数关系时，可用此法。

例如，某林业局2022年销售利润比2021年的销售利润增加220万元，影响利润变化的因素如表1-1所示。根据表来分析销售数量、平均售价、销售成本对销售利润的影响。

表1-1　各因素对销售利润的影响情况

项目	2021年	2022年
销售数量（万㎥）	10	12
平均售价（元/㎥）	300	350
销售成本（元/㎥）	250	280
产品税（收入的10%，万元）	300	420
销售利润（万元）	200	420

①销售数量变化对销售利润的影响，即

销量变化使销售利润的增减额=（本期销售量-上期销售量）×上期单位销售利润÷上期销售量=（12-10）×200÷10=40（万元）

由于销售数量增加2万㎥，从而使销售利润增加40万元。

②销售成本的变化使销售利润增减额，即

（上期单位销售成本-本期单位销售成本）×本期实际销售量=（250-280）×12=-360（万元）

由于销售成本的增加，从而使利润减少360万元。

③平均售价变化对销售利润的影响，即

（本期平均售价-上期平均售价）×本期销售数量×（1-产品税率）=（350-300）×12×（1-10%）=540（万元）

由于平均售价提高，从而使企业销售利润增加540万元。

综上可得：销售利润受影响额=40-360+540=220（万元）

（三）量本利分析法

量本利分析法是通过产品产量、生产成本和利润三者之间的关系，确定盈利与亏损的分界产量以及不同产量的盈利水平，为提高经营管理水平和正确地进行经营决策提供经济上的依据。

1.成本分类

产品成本分为固定成本、变动成本、半变动成本三类。固定成本是其发生额不直接受产量影响的成本，如管理人员工资、折旧费等；变动成本指其总额随着产量的变动而变动的成本，如直接材料、生产人员工资等；半变动成本既包含固定成本，也包含变动成本，也就是有一个初始量类似固定成本，在这个基础上产量增加，成本也随着增加，又类似变动成本。如一台机器按年支付租金30 000元，每加工一件产品另支付租金1元，则一年加工30 000件产品，应支付租金60 000元。

2.盈亏临界点

用企业销售收入扣减变动成本后的余额叫边际利润；边际利润与固定成本相等时的状态叫盈亏临界点。

以P代表利润，V代表产量，S代表售价，B代表固定成本，D代表单位产品变动成本，则利润计算公式为：

$$P = VS - VD - B$$

盈亏临界点是企业利润等于零时的销售量，因此有：

$$VS - VD - B = 0$$

第二章 林业经济管理

第一节 林业管理体制

一、林业管理体制的概念

管理体制，是在一定的社会制度下，国家、地方、部门、企业及其内部各层次所形成的管理体系、管理机制、管理方法和管理制度的总称。它涉及的范围很广，包括组织形式、机制、机构设置、权限划分、制度设定，决策方式和程序，监督、调节系统，利益分配关系，各层次责权利的划分及实施等。但概括起来，管理机制、管理机构和管理制度是构成管理体制的基本要素，三者紧密相连、相互作用，成为管理体制的统一整体。管理体制是国民经济体制的组成部分，属于上层建筑范畴。它既要适应经济基础的要求，又给予经济基础的发展以深刻的影响。

林业管理体制，是对林业经济活动进行决策、计划、组织、监督和调节的整个体系，是推动林业经济活动进行的管理机制、管理机构和管理制度的统一。

林业管理体制受社会制度、所有制形式、森林资源状况、经营指导思想、历史等因素的制约和影响，所以各国林业的管理体制差异较大。林业管理体制不是一成不变的，随着国家经济和林业的发展可做相应调整。为适应林业的发展，许多国家对林业管理体制不断进行改革，形成了各自的林业管理体制。

二、林业管理体制的构成要素

林业管理机制、管理机构和管理制度是构成林业管理体制的基本要素。

（一）林业管理机制

选择管理体制，必须首先确定管理机制。林业管理机制是指内在起作用推动林业经济活动进行的各种社会动力和约束力。林业管理是一种有目的的强制活动，那些促使管理对象不断向管理目标趋近的客观作用力就是林业管理机制。管理对象主要是参与林业经济活动的人或由人组成的经济单位。管理机制是客观存在的外在强制力。管理机制在一定程度上是可以选择的。但任何管理机制都是先作用于人，而后推动物的运动。没有一种管理机制可以不作用于人而直接作用于物。在社会主义市场经济条件下，林业管理机制主要有利益机制、权力机制和竞争机制。利益机制是推动林业经济活动进行的各种物质利益动力，用这些动力进行林业管理，就是利益机制运用的表现。权力机制是指利用一定的社会管理制度规定的权力，对管理对象施加影响的客观作用力。权力机制在任何社会都是不可缺少的，且具有较大的强制作用。竞争机制是指同类管理对象在经济活动中为争取有限的机会而产生的宏观作用力。竞争机制作用的过程是社会性的优选过程，即优胜劣汰的过程。对林业实施有效管理，就要充分发挥这些机制的作用，形成各种机制复合并用的管理机制体系，最终由林业管理机构在执行林业管理制度的过程中得以完整地体现。

（二）林业管理机构

林业管理机构是指对林业经济活动进行管理的实施单位，其设置与林业在国民经济中的地位、历史、社会制度、国家体制等因素密切相关，具体要依据森林资源状况、林业生产力发展水平和社会主义市场经济生产关系的要求进行设置。林业管理机构的设置既是林业生产管理必需的一种组织形式，也是林业发展的必然产物，林业管理机构要对林业生产活动进行决策、计划、组织、监督和调节。

（三）林业管理制度

林业管理制度是对一定的管理机制及管理机构要求的规范化，是对各种管理原则和管理方式的规范化。管理制度是管理体制的基本组成部分之一，任何管理体制都需要以一定的管理制度为依据。林业管理制度具有权威性、排他性、时空性和稳定性。

林业管理体制是推动林业经济活动进行的管理机制、管理机构和管理制度的统一。在管理机制、管理机构和管理制度这三者之中，居于支配地位的是管理机构，管理机构设置的模式决定了管理机制和管理制度的建设和运行方向。

三、林业管理机构设置类型

林业管理机构的设置是与森林所有制的形式，林业在国民经济中的地位，以及历史、社会制度等因素密切相关的。当今，世界各国森林所有制的形式不同，林业机构设置也各异，但大体上可分为以下三种类型。

（一）单设部类型

单设部类型即在政府机构中单独成立林业部（委）。单设部类型多见于不发达国家，据20世纪90年代初统计，现在世界有15个国家单设林业部，这些国家一般不太发达，且森林属国有化。如中国、朝鲜、越南、斯里兰卡、巴布亚新几内亚，而英国、新西兰是发达国家中单设部的代表。

（二）合设部类型

国有林为主的国家，基本是农林或林业水利等合设部，而一些私有林为主类型也属此类型。这一类型又分为三小类：第一类是设农林部、农林粮食部等，下设林业总局或林业厅（局）负责全国林业工作，奥地利、芬兰、德国、日本等国均属此类型；第二类是设林业水利部，主要出于对国土资源的综合考虑，这个类型的国家为数不多；第三类是设环境林业部，如印度属此类型。

（三）从属其他部类型

私有林为主的国家林业机构基本上都属于这种类型，大部分设在农业部里，但独立性很强，自成系统。一般分为两类：第一类设在农业部里，如美国、法国、瑞典、挪威；第二类是从属其他部委，从属的部门五花八门，如菲律宾从属于自然资源部，澳大利亚从属于初级产品部等。

四、国有林管理体制类型

林业管理体制受社会制度、所有制的形式、林业经济地位、经营指导思想、历史等因素所制约。所以，各国国有林业的管理体制各不相同，但按机构的性质和任务大致可分为政企合一和政企分离两大模式。

（一）政企合一类型

指政府林业行政管理机构既是职能部门，又直接经营国有林。即既行使政府职能，又行使企业经营职能。美国、日本、英国等属于此模式。政企合一模式的特点，一是政府林业管理机构直接管理国有林企业并自成体系；二是对人、财、物，产、供、销实行一元化领导；三是在经营管理方面又分两种类型：国有林经营靠国家预算，收入上缴国家，亏损由国家补贴；实行国有林特殊会计法，收入转作育林费，亏损由国家补贴，如美国采取农业部林业局政企合一模式，而日本现在采取国有林特殊会计法。

（二）政企分离类型

指林业行政管理机构纯属职能机构，不直接经营国有林，而是由相应的企业性机构进行经营并接受职能机构的监督。瑞典、法国、德国、奥地利、加拿大、新西兰等属于此模式。政企分离模式的特点，一是职能机构只管林业方针政策，不直接经营国有林；二是企业具有法人资格，实行独立的经济核算，走企业化道路；三是联邦制国家的国有林实行"上分下合"的管理体制，政府政企分离，而地方实行政企合一；四是有两种经营管理形式：一种按企业会计进行独立核算，收入不上缴，自收自用，亏损由国家补贴；另一种是实行一般会计核算，收入上缴国家财政，亏损由国家财政补贴。由于各国的国有林业体制不同，林业企业管理方式也不大相同，各有特色，没有一个完全统一的管理模式。当今，国有林实行企业化经营是国外一个明显的发展趋势。

第二节 林业经营与发展战略

一、林业经营概述

一般而言，经营是一种经济活动，是经营主体通过决策及实施等，对归属于自己占有、支配和使用的生产要素进行科学的组合而形成现实生产力，并借以实现既定目标的经济活动。

林业经营是一种以森林资源为对象的经济活动。森林资源是林业经营的基础，森林资源的特点决定了林业的特点，林业的特点使林业经营具有与其他生产部门不同的经营特点。

林业的所有制和林业的经营形式是社会主义林业经济的基础问题，是一切林业政策法规和经济管理工作的基础。经营形式不同于所有制形式。同一种经济成分的所有制，可以有不同的经营形式；不同经济成分的所有制，可能有相同或近似的经营形式，二者既有区别又有联系。任何一种经营形式总是在一定所有制关系条件下的经营形式，它反映该种经济成分所有制关系的性质。

林业经营形式是在一定的所有制条件下，实现林业再生产过程的经营组织、结构、规模、劳动者责权利关系及生产要素的组合方式。它既受所有制形式的制约，又是生产力组织形式的具体化。

林业经营形式是一个复杂的问题，影响因素较多，概括起来主要包括以下四个方面：

（一）生产力发展水平

林业经营形式必须同生产力发展水平相适应，因为经营形式是生产关系表现形式之一。因此，只有对林业现实的生产力水平进行细致的分析，对不同经营项目采取不同的经营形式，才能使劳动者同生产资料紧密结合，才能使其责、权、利清晰明确，从而充分调动劳动者的积极性，促进林业经济的发展。

（二）林业生产特点

由于自然的、历史的、社会的原因，各地林业无论在资源储量、林分结构、作业环境上，还是在所有制关系、生产目标、经营内容上，都存在着差异，只有因地制宜，选择适应当地特点的林业经营形式，才能有效地组合各种林业生产要素，取得最佳的林业经营效果。因林业生产过程既是连续的，又可分割为相对独立阶段，完全可以依据不同阶段的特点分别实行不同的经营形式。

（三）森林资源状况

森林资源是林业经营的物质基础，所以无论选择何种经营形式，都要有利于森林资源数量增长和质量提升，要在森林资源不断增长的前提下提高林业经营效益。

（四）林业经营特点

林业经营形式的选择要有利于林业生产的运行和林业经营目标的实现。林业企业功能的多样性、组织的分散性和企业内部的整体性，都会制约林业经营形式的选择。无论选择何种经营形式，都应便于组织和管理，有利于生产的运行和经营目标的实现。

二、林业经营理论

在林业发展历史上，不同时期森林经营的重点不同，因而对经营行为具有指导意义的林业经营理论也不同。林业经营理论，是林业生产实践的指南，对林业的发展具有极大的影响。林业经营理论的产生与演变主要从19世纪开始，从森林永续利用的理论到森林可持续经营理论，在二百多年的时间里，林业经营理论有了很大的发展，产生了许多学派。本节介绍几个有代表性和有影响力的林业经营理论。

（一）森林永续利用理论

森林永续利用理论是世界各国传统林业理论的基础。工业革命以后，欧洲对自然资源的消耗以前所未有的速度和数量进行着，作为重要能源的森林资源很快就出现了供不应求的局面。在德国，森林遭到大肆砍伐，出现了森林危机。人们从中认识到必须改变原来的森林利用方式，用永续的思想经营森林。到18世纪末19世纪初，木材永续利用的完整定义和相应的森林经营体系日渐成熟。

森林永续利用的原则是"森林经营管理应该调节森林采伐量，以至世世代代从森林中得到好处"。其中心思想是追求经济利益，实现以永续获得木材为主要目标的森林经营。

森林永续利用理论最初仅局限于木材的永续利用，而且这种思想一直占主导地位。但在19世纪到20世纪中叶，就一直存在着批评单纯追求木材产量的永续利用做法的观点。20世纪50年代，德国政府批准了森林多种效益永续利用的林业政策；美国于20世纪60年代制定了森林多种效益经营的法规。至此，森林永续利用理论向着森林多功能理论演进和发展。

（二）森林多功能理论

第二次世界大战后，林业经营理论逐渐转向森林多功能理论。即充分发挥森林多种功能效益。该理论的指导思想不单局限于木材生产和林副产品，同时还考虑保持水土、改善环境、保护野生动物资源以及提供娱乐、游憩等需要。这一理论为现代林业理论奠定了基础。森林多功能理论包括三大经营模式：以德国为代表的三大效益一体化经营模式；以新西兰、法国和澳大利亚等为代表的森林多效益主导利用经营模式；以美国、瑞典、日本等为代表的森林多效益综合经营模式。

1.森林三大效益一体化经营模式

所谓森林三大效益一体化经营模式，是指经营一片森林要同时实现经济效益、生态效益和社会效益最大化，保证森林的永续性、持续性和均匀性的利用效果，满足人民对木材和林产品的长期需求，永远保障森林对气候、水土、空气的保护效益及游憩；经营者以最小的开支取得最大的经济效益，尽可能保证森林发挥最大的生态效益。森林三大效益一体化经营模式以德国为代表，也称德国经营模式，符合德国现代社会发展的要求。但现今的后进林业国家要向德国模式成功过渡，有很大难度。

2.森林多效益主导利用经营模式

森林多效益主导利用经营模式同样强调通过发挥森林的多种效益来满足社会对森林的各种需求，但对不同地区、不同林分、不同树种，则只突出其主导功能。即并不强调在每一片林地上都实行多效益一体化经营策略，但又在整体上强调不同地块间的相互增益，实现森林多效益的高度统一。法国、新西兰、澳大利亚等都属于这种模式。

3.森林多效益综合经营模式

森林多效益综合经营模式是以森林永续利用为指导，充分发挥森林多种效益，实行综合经营，属于前两种模式的中间类型。美国、瑞典、日本等国均属于这种模式。

由于林业经营模式与社会、经济条件、经营指导思想等因素密切相关，这三种模式各有特色，各有利弊。但从全球来看，有向第二种模式，即森林多效益主导利用经营模式发展的趋势。

（三）林业分工理论

1.林业分工理论的基本思想

林业分工理论是森林多效益主导利用理论的继承。现代集约林业与现代农业有一定的相似性。如果通过集约林业生产木材，森林的潜力是相当可观的；对所有林地不能采取相同的集约经营水平，只能在优质林地上进行集约化经营，并且使优质林地的集约经营趋向单一化，从而导致经营目标的分工。

林业分工论的主要思想就是把林地、森林按主要经营目标划分为不同林种类型，切块分头经营。

2. 我国的林业分类经营

林业分工论是针对现代林业需求，主张通过专业化分工的途径，把林地、森林按主要经营目标划分为不同林种类型，分类经营，并使其中的一部分与工业加工有机结合，形成林业现代化产业，从而最终在国土上形成一个动态稳定的、与经济需求和环境需求相适应的森林生态大系统。在"林业分工论"的基础上，经过学术界、政界和企业界的广泛关注和积极讨论，并发展成为"林业分类经营理论"。

所谓林业分类经营，是指在社会主义市场经济体制下，根据社会对林业生态和经济两个方面的需求，遵循森林有多种功能，但主导利用可以有所不同的规律，将森林划分为生态公益林和商品林两大类，并分别按各自的特点和规律运营的一种新型的林业经营管理体制和发展模式。

（四）新林业理论

新林业理论主要以森林生态学和景观生态学的原理为基础，并吸收传统林业中的合理部分，以实现森林的经济价值、生态价值和社会价值相互统一为经营目标，建立不但能永续生产木材及其他林产品，而且也能持久发挥保护生物多样性、改善生态环境等多种生态效益和社会效益的林业。新林业理论的要点可以归纳为以下三点：

第一，以森林生态学和景观生态学为理论基础，实际上是将森林看作生态系统。

第二，对传统林业不持否定态度，而是吸收其合理部分。

第三，兼顾林业的三大效益。

（五）近自然林业经营理论

"接近自然的林业"理论是指在林业经营中使地区群落的主要本源树种得到明显表现，它不是回归到天然的森林类型，而是尽可能使林分建立、抗育、采伐的方式同潜在的天然森林植被的自然关系相接近；要使林分能够接近生态的自然发生、达到森林群落的动态平衡，并在人工辅助下使天然物质得到复苏。

随后随着经济的发展，"接近自然的林业"发展为近自然林业经营理论。该理论认为人工林具有多样性低、稳定性差、虽然速生但地力消耗大的弱点。该理论的基本出发点是把森林生态系统的生长发育看作是一个自然过程，认为稳定原始森林结构状态的存在是合理的，它不仅可以充分发挥和利用林地的自然生产力，而且还可以抵御自然灾害，减少损失。因此，人类对森林的干预不能违背其自身的发展规律，只能采取诱导方式，提高森林生态系统的稳定性，逐渐使其向天然原始林的方向过渡。

（六）森林可持续经营理论

20世纪80年代，由于单纯追求经济增长，导致全球生态环境恶化，引起各国关注。

联合国成立了环境与发展委员会，专门研究可持续发展问题。1992年世界环境与发展大会对全球可持续发展问题进行了热烈讨论，并取得了共识，可持续发展已是当今世界各国经济发展的共同指导思想。随着可持续发展理论的提出，人们也提出了可持续林业的要求，而要实现可持续林业，森林的可持续经营是其核心。

森林可持续经营是可持续发展思想在林业上的体现，它是指在森林经营过程中，在森林生态系统生产能力和再生产能力得以维持的前提下，以人类利益的可持续性为基础，持续、稳定地生产出适应人类社会进步所需求的产品，使得生态、经济、社会效益协调发展的森林经营体系。其主要强调的是在森林生态系统自我维持的可持续性和人类长期利益的可持续性一致的前提下合理经营，持续产出产品。

三、我国主要林业经营形式

我国林业经营形式主要有承包经营、租赁经营、股份合作制经营等。下面介绍主要的林业经营形式。

股份制企业经营、企业集团经营非主要的林业经营形式。

（一）承包经营

承包经营是按照资产所有权与经营权相分离的原则，通过承包合同的形式，明确作为林木林地所有者的国家、集体与林业生产经营者之间的权利与义务和收益分配的一种经营形式。

党的十一届三中全会以来，随着农村经济改革的深入和联产承包责任制的实施，国有林场和集体所有制乡村林场，也相继选择了统分结合的联产承包经营形式。这种经营方式以职工、林农及其家庭分散经营为主，同时保留必要的统一经营，将各项生产任务承包给林业职工家庭或农户经营，把林地和生产工具也一起包给职工和林农家庭使用。承包后，林业生产的全过程，从计划制订、资金筹集、生产组织到产品收获与销售等生产经营活动均由承包户自主经营，他们的经营成果在完成国家、企业和集体任务后，由承包户享有。承包经营形式使经营效益与经营者利益直接挂钩，调动了林业经营者的积极性，促进了林业发展。

（二）租赁经营

租赁经营是国有林业企业把一部分生产资料租赁给集体或职工个人经营的经营形式。

租赁经营不改变国有林业企业所有制性质，以国家授权单位为出租方，将企业或企业的一部分有期限地租给承租方经营。承租方按期向出租方交付租金，并依照合同规定对企业实行自主经营。它是中国一些小型国有企业实行的一种资产经营形式。

承包经营与租赁经营虽然都属于所有权与经营权相分离的经营形式，但两者在经营权的取得以及承担的责任、法律、利润、破产等方面都有很大区别。

（三）股份合作制

林业股份合作制是一种采用股份制形式来运行合作经济的林业经营形式，始创于1984年。这是一种投资主体多元化、投入方式多样化的经营形式。它把生产力各个要素进行合理分配，各种经济成分的所有者组合起来共同经营。针对林业的特点，股份合作经营可以将集体财产等额股份化，将抽象的所有权股份化、具体化，然后均分到具体的每个人手中。它既有资金的联合，按股分红，也有劳动者的联合，按劳分配，是现代股份制和典型合作制的优势相互融合而产生的新型经济形式。推行股份合作制可以广泛吸收社会闲散资金，拓宽投资渠道，分散经营风险，调动职工的积极性，促进企业间生产要素的合理流动和组合，提高全社会资源的配合效益。这种经营模式在当时，较好地保证了集体林业资产的完整性，解决了林业的林木培育与市场脱节的问题。

林业股份合作制的形式，主要有：折股联营，即分股不分山，将集体的森林资源作价折股，按在册人口平均分配股份，如福建省三明市；入股联营，即分林到户的地方，把已分到户的成片林根据实际情况折算为股份，重新联合。林业股份合作是目前中国南方林区推行的联营经济。

四、林业发展战略

（一）林业发展战略的概念

林业发展战略是关系到林业发展全局的宏观设想和谋划。它的核心是要解决林业在一定时期的基本发展目标和实现这一目标的途径。它与林业经营思想、方针相联系，在其指导下，从林业实际出发，规定了一定历史时期内的林业发展的全局性方针任务，具有预见性、整体性、长期性、概括性、相关性、相对稳定性等特征。林业发展战略因国家、地区不同而不同，因各个时期不同也各异。

新时期的林业发展战略应该是以生态环境建设为主体的林业可持续发展战略。

（二）林业发展战略内容（构成要素）

一般林业发展战略研究后，形成林业战略规划方案。在林业发展战略方案中，林业发展战略内容（也是构成要素）包括：林业发展战略指导思想（方针）、战略目标、战略重点、战略阶段、战略措施等。

1.林业发展战略指导思想

林业发展战略指导思想也称为战略方针，是林业发展总方针、总纲领、总决策和总原则的高度概括。

21世纪上半叶中国林业发展战略指导思想是：确立以生态建设为主的林业可持续发

展道路；建立以森林植被为主体的国土生态安全体系；建设山川秀美的生态文明社会。简称"三生态"林业战略思想。

2.林业发展战略目标

林业发展战略目标是林业发展预期达到的总要求、总水平、总任务。战略目标是发展战略的核心，是战略思想的集中反映，一般表示战略期限内的林业发展方向和希望达到的最佳程度。林业发展战略目标按期限可分短期、中期、长期目标，短期目标又称近期目标，一般5年左右；中期目标，一般以10年为期；远期目标，或叫长期目标，通常在20年以上。

《中国21世纪议程——林业行动计划》明确提出了我国林业发展战略目标的总体框架是到21世纪中叶，建立起比较完备的林业生态体系和比较发达的林业产业体系，建成现代林业管理体系和社会化服务体系。

我国可持续发展战略规划提出的战略目标：到21世纪中叶，基本建成资源丰富、功能完善、效益显著、生态良好的现代林业，最大限度地满足国民经济与社会发展对林业的生态、经济和社会需求，实现我国林业的可持续发展。

3.林业发展战略重点

林业发展战略重点是指对实现林业战略具有决定性意义的战略任务，它是关系到林业战略目标能否达到的重大的林业重点项目（优势项目）或薄弱环节。一般战略重点具有阶段性，战略重点可以不止一个。

我国当前的战略重点是根据新的林业战略思想和方针的指导，在以往林业建设成效的基础上，进行林业生产力结构、布局的重新配置，形成以重点工程为中心、生态建设主线突出的林业生产力布局。

4.林业发展战略步骤（阶段）

林业发展战略阶段是战略期的时序划分。每个阶段会有不同的林业发展目标和重点。一般而言，林业发展战略少则10年以上，多则50年以上。在确定了林业战略目标和战略重点后，如果不分步实施，往往会感到无从入手。所以一般的林业发展战略都把实施战略目标的时限划成几个阶段，每个阶段都是林业总体目标的分解，每个阶段性目标又相互衔接，通过逐个完成分阶段目标来实现林业发展的总体战略目标。一般林业发展战略目标的实现过程分为三步：准备期、发展期、完善期。前一阶段为后一阶段打基础，而后一阶段又为新的战略阶段创造条件。

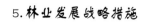

5. 林业发展战略措施

林业发展战略措施是保证林业战略目标实现的手段、方式、方法。林业发展战略措施通常包括实施战略的相应的组织机构、资源分配、林业资金政策、林业生产政策以及林业发展的控制、激励、协调手段等。

为使我国林业尽快走上可持续发展的道路，必须从实际出发，解放思想，与时俱进，对制约林业发展的体制、机制和政策进行重大调整和改革，尽快建立并不断完善适应社会主义市场经济和林业自身发展规律的管理体制、运行机制和保障体系。

第三节 林业生产结构及布局

一、林业生产结构概述

林业生产结构反映林业发展的水平和方向，决定着林业生产满足社会的程度。研究林业生产结构的基础，是林业生产的合理划分。而林业生产结构的合理化、"高度化"及其控制，是研究林业生产结构的主要目的。林业生产结构的演进会促进经济增长，而经济增长又可以促进林业生产结构的变化、演进和结构升级。

（一）林业生产结构的内涵

林业生产结构是指林业内部各项生产要素在一定时间、空间限定的经济活动中的组成状态、客观存在的经济联系及数量比例关系。它说明林业生产的种类以及各种生产间的关系和每项生产在整个林业部门中所占的地位。为此，有人称其为林业部门结构。

当林业生产间的相互联系、相互结合的经济联系和比例关系合适时，林业生产才能顺利进行。合理的林业生产结构，有利于发挥各生产部门之间的互相促进作用，充分合理地利用自然资源和经济资源，保持生态平衡，使林业生产顺利发展和取得最大的综合效益。林业生产结构对林业生产的发展方向和林业生产力水平的提高有着决定性的影响。

林业经济发展的历史表明，林业生产结构经历了以木材为主体的传统森林资源开发的单一结构，到现代社会以营林为基础的第一产业，与森林物质资源和环境资源全面开发利用的第二、第三产业，形成林业三大基本产业的结构体系的过程。

（二）分析林业生产结构的主要方法

林业生产结构的分析常采用下列方法。

1. 比重法

比重法即按不同分类方法，计算出构成林业生产结构的部门、生产环节在整个林业中所占的比重，说明某一时期内林业生产结构的状况。该方法反映的是静态状态。

2. 序列法

根据林业各部门、各生产要素的变化速度，考查它们在各自结构中的序列变化，以判断生产结构的动态变化。

除上述方法外，还有一些比较复杂的数学分析方法，如投入产出法、线性规划法等。

在分析林业生产结构问题时，无论采用上述哪种方法，都必须将定性分析和定量分析有机地结合起来。林业生产结构不仅包括林业各部门质的规定性，也包括其量的规定性。定性分析在于认识结构的部门构成、联系以及哪些因素会引起结构的变化，而定量分析是从使用价值和价值形态两个方面研究和计算各部门之间各种比例关系，也包括林业在整个国民经济中的比例。定量分析是为定性分析服务的。

（三）反映林业生产结构的主要指标

在进行林业生产结构定量分析时，主要采用下列指标：

第一，林业三大产业中各产业（或部门）的总产值、净产值和利润在全部林业生产经营中的比重（营林只计总产值比重），林业三大产业（或部门）所占用的固定资产和劳动力在全部林业中的比重。

第二，林业的第一、二产业在工农业总产值中所占的比重，以及它们分别占农业总产值和工业总产值中的比重（第三产业尚难计量）。

第三，有林地在总土地面积中的比重，林地的利用结构，林种结构，集约经营的经济林、用材林分别在经济林、用材林总面积中的比重；森林蓄积量消长结构；森林各种生态功能效益（价值）结构。

第四，在第一产业中各类初级产品的产量、产值、净产值在初级产品总体中的比重；木材、薪材在初级林产品中的比重，林业的原材料生产和消费品生产在林业初级产品中的比重；非木质的其他初级产品生产和林业初级产品生产分别占第一产业的比重。

第五，在第二产业中各类林业加工产品的产量、产值、净产值和利润在林业加工产品总体中的比重；锯材、人造板、纸浆等在木材加工业中的比重，林产化学工业内部的结构；非木质的其他加工生产、木材加工、林化工业等生产部门分别占第二产业的比重。

二、林业生产结构优化

（一）林业生产结构优化的含义

林业生产结构优化是指通过林业生产结构的调整，使各项林业生产实现协调发展，并满足社会对林业不断增长的需求的过程。林业生产结构的优化过程主要是林业

生产结构的高度化过程和林业生产结构的合理化过程。林业生产结构合理化是林业生产结构高度化的基础，没有合理化，生产结构高度化就失去了基本的条件，不但达不到升级的目的，反而有可能发生结构的逆转。高度化是合理化的进一步发展的目的，合理化的本身就是为了使生产结构向更高层次进行转化，失去了这一目的，合理化就没有存在的意义了。

（二）林业生产结构的合理化

林业生产结构合理化是指从林业生产实际出发，按照国民经济宏观调控的要求，通过一系列调整工作，使不够合理的林业生产结构逐步走向合理的过程，也是建立合理的林业生产结构的过程。

合理的林业生产结构，能准确反映林业各项生产间的技术经济联系，保证林业再生产的顺利进行。合理的林业生产结构，有利于森林资源多效益的充分发挥和资源合理利用，合理的林业生产结构，有利于更好地满足社会对林业的需求。合理的林业生产结构，能够为林业微观生产经营活动提供良好的外部条件。合理的林业生产结构有利于林区人民生活环境的改善、水平的提高和林区社会和谐。总之，合理的林业生产结构是林业经济发展追求的主要目标，它是林业生产结构高度化、林业经济结构合理化的前提。

合理的林业生产结构并不是自发形成的，而是人们在认识林业经济发展规律的基础上，依据一系列政策、措施来组织和控制林业生产结构而逐步实现的。

（三）林业生产结构高度化

林业生产结构高度化主要是指林业生产结构从低水平向高水平状态的发展，是一个动态的过程。根据生产结构研究的一般规律，林业生产结构的高度化具有以下几个特征：

第一，林业生产结构的发展顺着第一、第二、第三产业生产优势地位顺向递进的方向演进。

第二，林业生产结构的发展顺着劳动密集型产业、资本密集型产业、技术（知识）密集型产业分别占优势地位顺向递进的方向演进。

第三，林业生产结构的发展顺着低附加值生产向高附加值生产方向演进。

第四，林业生产结构的发展顺着低加工度的生产占优势地位向高加工度的生产占有优势地位方向演进。

三、林业生产布局

任何社会生产都离不开一定的地域空间。林业生产也必然表现为一定地域空间分布的形态。生产布局是指社会生产各要素在地域空间的分布与组合，也称生产配置。林业生产布局就是指林业生产在空间上的配置，是林业生产的空间形式。它形成林业生产的区间地域分工和各林区有差异的生产力水平，同时也形成各具特色的区域生产结构，从而决定着由各地分工协作而形成的林业总体效益。为了合理组织林业生产经营活动，充分发挥林业综合效益，就必须对林业生产要素在地域空间上予以妥善的配置。林业生产布局是在林业区划的基础上进行。

（一）林业生产布局的内涵

林业生产布局是指建立或调整一定地域空间范围内的林业生产要素分布和组合的过程（也称林业生产配置），包括建立、调整林业生产的区间地域分工和林业生产的地域结构。它是人类有意识的活动。林业生产布局的结果是林业生产在一定地域空间范围内新的分布的形成。它既包括对原来林业布局的调整和修订，也包括对新开发林区生产分布的全新建立。林业生产分布是指业已形成的林业生产空间形态，是指林业生产的现实状况，是已实现的事物。林业生产布局则是指林业生产的再分布，以形成新的更合理的空间形态。现实的林业生产分布是以往各个阶段林业布局的结果，是今后进行新的布局、调整生产分布的基础和依据。

从空间角度看，林业生产布局可以分为宏观、中观和微观三个层次。林业宏观布局的任务主要是解决全国林业区划以及在各大区间林业投入的分配等重大问题，促成林业生产要素在大区间的合理配置；林业中观布局的任务主要是解决某一区域林业发展战略和地区林业生产结构等问题；林业微观布局的任务主要是解决各林业基地、林业企业的选址和内部布局问题。

合理布局林业生产，有利于林业生产总目标的实现，有利于促进林业经济结构趋于合理，有利于发挥地区资源优势，有利于充分发挥森林生态系统的作用，有利于脱贫致富。

（二）林业生产布局的特点

林业生产的特殊性，使得林业生产布局表现出与工业生产和农业生产等其他行业生产布局的差异性。概括起来，林业生产布局的特点主要表现在以下几个方面：

1.林业生产布局必须较多地注意森林对环境的作用

这是由林业生产的综合性和林业生产目标的多样性决定的。林业肩负着优化环境和为社会提供各种林产品的重任，因此，林业生产布局不仅要完成林业经济生产的布局，也必须实现林业生态生产的布局，这样，才能确认在较大范围内林业生态效益、经济效益和社会效益的统一，以满足社会对林业的多重需要。

2.森林布局调整时间长，调整困难

由于林业生产布局是林业生产的空间战略配置，它具有长期性和全局性的特征，而

林木生长周期长，森林布局影响深远，调整时间长，调整困难。这要求森林布局必须根据各地区的特点及该地区对森林资源效益的具体要求，因地制宜地选择和确定各森林生产类型，遵循林木生长自然规律，适地适树选择造林育林树种。如在生态脆弱区，恰当地培育生态林；在水土流失区，恰当地培育水土保持林；在生态威胁小、自然和社会经济条件较好的林区，恰当地建立商品林生产基地。

3.森林资源的特殊性，决定了林业生产布局的特殊指向性

森林资源多处于边缘山区，有其独特的生存、生长的自然环境和相应的社会经济环境。森林资源培育、生长的环境决定了林业原料产地的特有位置，以及这种位置的不易变更性，由此便决定了林业生产应以此为中心进行布局，尤其是不易运输的大型原料的生产和加工。这就是林业生产布局的特殊指向性。

4.林业生产布局的动态变化性

林业生产布局的影响因素是多方面的，随着这些因素在不同时期的具体状况及其变化情况，林业生产布局也要随之进行必要的调整，因此表现出动态变化性。

我国林业实践的历程（林业正经历着历史性转变）验证了林业生产布局调整与变化的重要性。

四、林业生产的宏观、中观、微观布局

从空间角度看，林业生产布局可以分为宏观、中观和微观布局三个层次。它们相辅相成、相互耦合，共同构成一个紧密相连的控制（引导）和反馈系统，上一层次把下一层次作为一个集合包含在内，从而对下一层次起控制、引导、约束作用；下一层次的作用则反馈到上一层次，使上一层次作用的方向、重点和力度等不断得到修正、补充。

（一）林业生产的宏观布局

林业生产宏观布局也称林业总体布局。它是指在全国的范围内对各类林业生产，及各类林业生产部门的发展在空间分布与组合上进行战略性的总体部署、安排和调整。它主要是解决林业大区的划分，以及在各大区域间林业投入的分配等重大问题，从而形成林业生产要素在各大区间的合理配置。

林业生产宏观布局是中观布局和微观布局的前提和基本依据。该层次的布局决策是否科学、合理，不仅决定着全国林业布局总体框架、轮廓的合理性，而且关系到中观、微观布局决策基本取向的正确性。深入研究并正确地把握宏观布局变化的客观规律，搞好宏观布局决策，是实现全国林业生产布局合理化需要首先解决的问题。

由于各个林业发展时期林业重点任务和主要矛盾不同，因此，林业宏观布局在内容

上会有所差异，但一般而言，林业宏观布局的内容主要有以下几个方面：

第一，依据国民经济和社会发展战略的总目标的要求，科学进行全国范围内林业大区的划分。全国林业大区的划分，是林业宏观布局的基础性工作。林区的划分必须在综合分析、评价全国及各地区的自然资源、社会经济资源及其利用现状和利用潜力的基础上，根据各地区上述条件的差异，并考虑历史因素进行。划分的各个林区强调其独立的特点和区域优势。一般而言，林区的划分，要与整个大经济区的划分保持一致，即一个林区不要跨越大经济区的区划界限，同时尽量不要打破行政区划的界限。

第二，根据社会对林业的多种需求，确定全国林种布局的发展方向。林种布局要充分考虑不同时期社会对林业的综合需求，在划分林种的基础上，提出林种布局的总体方向，如确定商品林和公益林布局。

第三，正确选择各个时期的重点林区，并妥善安排不同时期重点林区的转移与衔接。重点林区的确定，体现着某个时期内林业主要矛盾的要求，也就是说，只有与林业主要矛盾有密切关系或对林业整体发展有至关重要作用的林区，才能被认为是重点林区。确定重点林区的目的在于通过它的发展，带动整个林业的快速发展。同时由于各个时期林业不同的矛盾和特点，使得重点林区会有变化，因此，要在这种变化过程中，做好重点林区的转移、衔接、建设工作。

第四，合理确定全国林业生产结构的总趋势。林业生产结构的总体框架，指的是全国范围内，林业各项生产种类和各项生产比例关系的趋势确认。

第五，确定国家级林业生产区域的生产发展方向和趋势。国家级林业生产区域，指的是国家直接管理的林区，既包括经济材生产区，又包括大型防护林区的生产经营管理发展趋势的确定。

（二）林业生产的中观布局

林业生产中观布局也称林业区域布局。它是一定区域内的林业布局活动，主要是解决某一区域林业发展战略和地区林业生产结构等问题，以建立和发展具有地区优势的林业区域经济。它是在总体布局的基础上，重点确定各类型区域林业开发的总目标、区域开发的方向及林业生产结构轮廓等区域发展中的主要问题。

第一，制定区域林业发展战略，这是林业中观布局的首要任务。按照全国林业总体布局和林业发展战略目标的要求，根据不同区域的现有生产力水平，针对各自的布局条件和特点，制定区域林业发展战略，确定区域林业发展总目标和任务。

第二，确定能够发挥区域优势的区域林业生产结构，这是区域林业生产布局中核心的内容。遵循劳动地域分工规律和地区生产专业化与经济综合发展相结合的原则，在区域生产总目标和发展战略指导下，确定区域林业生产结构，明确指出区域林业生产合理化趋势。

在确定区域林业生产结构的基础上确定区域林业发展模式，主要确定以下内容：一是找准区域林业发展优势，形成具有区域经济特色的林业主导产业部门，根据市场需求量确定其合理的生产规模；二是围绕林业主导产业发展相关联的产业部门并确定其规模；三是确定基础结构部门及其规模，它包括生产性基础结构部门和社会性基础结构部门。

第三，确定区域内企业布局。在林业生产结构确定的基础上，进行企业布局。企业布局是指企业区位定点选择和分布过程。企业布局的直观结果，形成区域内林业企业的空间分布情况，即布点情况。企业区位定点的选择，是指企业所在地域（如城镇）的确定。在选择上，一般是以保证企业单位产品消耗的完全换算费用最低为标准。但由于不同生产种类、不同产品不能完全进行统一换算和比较，因此要结合布局中的指向性原则进行选点。所谓布局指向，即企业所在地域选择标准的趋向性，如选择靠近原料产地的即为"原料地指向"，而靠近市场的地点则为"市场区指向"，依此还有"动力指向""水源指向"等。根据哪种指向原则选择区位，主要视不同的生产及产品特点而定。在企业布点时，力求做到适当集中和适当分散相结合，避免过度集中和过度分散两种倾向。

一般林业生产布局的内容会反映在区域林业生产布局规划或项目建设规划之中，随着林业生产布局的实施，形成一定的布局结果。

（三）林业生产的微观布局

林业微观布局是在企业区位确定基础上，选择和确定企业具体位置的过程。主要解决各种林业基地选址、林业企业的厂址选择和内部布局问题。

林业微观布局处于林业布局的基础层次，是把林业宏观布局和林业中观布局落实到实处的基础环节。林业微观布局决策，一方面受宏观布局和中观布局的控制、制约，另一方面又反作用于林业宏观布局和中观布局，影响其再决策。林业微观布局的任务是，通过多种可能方案（备选方案）的比较，选择拟建林业基地、林业企业分布的最佳位置，对林业企业、林业基地等地区聚集体内部的各类功能区进行合理配置。

进行林业微观布局，既要满足拟建企业的生产建设需要，又要满足广大职工群众生活的要求；既不能危害和影响四邻和所在城镇、流域的环境和景观，又要有利于所在城镇总体规划的实现。

第四节 林产品市场与贸易

一、林产品市场及特点

（一）林产品市场的概念

关于市场的概念从不同角度可以有不同的理解。首先，可以把市场当作一种场所，即联结商品买方和卖方的地方。这是一种比较狭义的理解。其次，可以将市场理解为把特定的商品和服务的供求关系结合起来的一种经济体制，是商品交换关系的总和。再次，还可以把市场看作商品和劳务、现实的和潜在的购买者的总和。最后，把市场看成有购买力的需求。以上各种不同的定义，从不同角度对市场进行了描述。归纳起来，市场可以被看成交易者（买卖双方）进行商品交换的环境、条件和交换关系的总和。

林产品是指以森林资源为基础生产的各种产品，包括木质林产品和非木质林产品；既有有形林产品，也有无形林产品。

所谓林产品市场就是交易者进行林产品交换的环境、条件和交换关系的总和。林产品市场包括买卖双方实现林产品所有权交换的场所，也包括各种交易活动。狭义的林产品市场是指进行林产品所有权交换的具体场所。广义的林产品市场则是指任何形式的林产品交易活动，它不一定占据一定的空间，例如通过信函或电话、传真、计算机网络等现代通信工具进行的林产品交易。

林产品市场既包括有形林产品市场，也包括无形林产品市场。有形林产品的构成要素与一般商品市场构成要素没有太大的差别，而无形林产品市场的供求关系及市场制度安排都有其特殊之处。

有的林产品属于生产资料，如木材产品，耐存放，无须包装，因而其现货市场的基础设施比较简单；有的林产品属于生活资料，如经济林产品，除了林产化工原料外，基本上属于消费品，不耐储存，且需细心包装，因而市场所需的各种设施均比木材市场复杂一些。总之，这两种市场交易的产品均出自森林，但是，一种属于生产资料市场，另一种属于消费品市场，二者之间存在质的差异。

林产品市场的基本要素包括：交易设施与对象、价格体系、参与者（包括生产者、消费者、交易中介和监督者）和相应的制度安排。

（二）林产品市场的特点

林产品市场不仅具有一般商品市场的共性，还表现出较强的个性。

1.林产品供给受自然条件影响大

土地、温度、光照、降水等众多因素对林产品都会产生重要影响，自然条件的不确定性增加了林产品生产的风险，直接影响林产品供给，给林产品供给带来较大的不稳定性和不可控性。

2.林产品需求的多样性

林产品既是经济发展所需的生产资料，也是人民所必需的生活资料。林产品种类繁多，既包括木质林产品，也包括非木质林产品；既包括初级加工产品，也包括精深加工产品；既包括有形林产品，又包括无形林产品。因此，对林产品的需求是多种多样的。

3.林产品的经营技术复杂

林产品种类多，由于树种、材种、生产区域不一样，同种林产品在质量、规格等方面表现出很大差异。因此，林产品标准化程度低，等级规格复杂，分级难度大，需要经营者具有丰富的经验和专门知识。非木质林产品中鲜活商品、易腐商品多，运输路程远，需要特殊的储存和运输设备。

4.林产品市场制约因素多

林产品的经营活动不仅受市场供求、价格变化的影响，还受到人们生活水平、消费习惯、国家产业政策和生态保护政策等因素的影响。

5.森林生态产品市场具有特殊性

由于森林生态产品（生态效益和社会效益）没有固定形态，难以计量、计价，难以严格分清主体和受体，所以不能在有形市场交换，只能在无形市场上交换，通过特殊的补偿形式实现补偿，获得维持再生产所需要的恢复和发展资金。无形市场与有形市场具有伴随性，只要森林采伐利用，森林生态产品同时消失或减弱，这种无形森林生态产品市场也不复存在。森林生态与服务产品的市场交易不存在所有权转移，市场内交易是单向的、服务性的、共享的，市场上不存在一对一的买卖关系，而存在整体性的社会交换关系。

二、林产品市场的种类

从不同的角度划分，林产品市场可以分成多种不同的市场。

（一）按市场客体构成特点不同，可分为有形市场和无形市场

由于森林提供的有形产品与无形产品特点不同，不可能都在现实的有形市场上进行交易，而是区别有形市场与无形市场以不同的方式进行两类产品的交换和价值补偿。有形

产品生产者通过有形市场的产品销售，直接取得经济收入获得补偿。可以按照价值规律进行调节。无形市场的交易一般情况下采取补偿交易形式，按"社会公共物品"来交易。生产者将无形产品投入社会服务，但不直接取得销售收入，而由国家和社会给予补偿。

（二）按需求供给的状况不同，分为卖方市场和买方市场

当林产品需求大于供给时称为卖方市场；当需求小于供给时称为买方市场。我国森林资源相对缺乏，我国林产品市场总体上是卖方市场。

（三）按交易达成的地点不同，分为销区市场和产区市场

当交易在销区达成时称为销区市场；交易在产区达成时称为产区市场。由于林产品具有明显的地域性特征和国民经济发展的不平衡性，我国林产品产区市场和销区市场比较明显。在经济比较发达和人口稠密的地区大多形成销区市场，而在经济落后和人烟稀少的林区，大多形成产区市场。一般来说，当买方市场形成时，销区市场较为活跃，而当卖方市场形成时，产区市场较为活跃。

（四）按交易参与者的集中与分散程度，分为集中市场和分散市场

企业或个人根据自身的经营状况进行林产品的购买和营销活动构成了分散市场。从我国林产品流通的现状来看，分散市场在交换中占主导地位。当交易参与者较多，并进行多种林产品的交易活动时称为集中市场。集中市场最显著的特点是中介组织的介入。随着我国市场体系的不断完善，集中市场将在林产品流通中发挥越来越大的作用。集中市场又可以分为集贸市场、批发交易市场、交易中心、订货会、展销会等形式。

（五）按交易的品种不同，分为专业化市场和综合市场

按交易的品种不同，林产品市场可分为单一品种的专业化市场和多样品种的综合市场。从目前的市场状况来看，木材、竹材、非木质林产品已形成了一些专业市场。

（六）按市场的空间结构不同，林产品市场分为国际市场、国内区域市场

从国际市场情况来看呈现出明显的区域化倾向，目前主要有北美、环太平洋、欧洲几大市场。国内区域市场有几种划分方法：一是把国内市场分为北方国有林区和南方集体林区两大市场；二是把国内市场分为东北地区、沿海城市、华北中原地区、南方地区、西南地区、西北地区六大市场；三是有代表性的城市市场。

（七）按经营客体品种不同，分为木材、纸浆等市场

按经营客体品种不同，林产品市场可分为木材市场、纸浆市场、家具市场等，还可以进一步细分，有多少种林产品，就可以细分为多少种市场。

三、林产品市场的规模与结构

（一）林产品市场的规模

市场规模在一般意义上是指一定的时期内，在一定的空间范围内，构成市场的各因素的聚集程度。林产品市场规模指的是在一定的时期内，在一定的空间范围内，构成林产品市场各因素的聚集程度。

描述林产品市场规模的主要指标有：交换产品的数量和品种、市场的辐射范围、投入的货币资金数量、进入市场从事交易活动的交易者的数量等。

林产品市场交换商品的数量和品种的多少是衡量市场规模的重要指标之一。从宏观上看，可以反映林业经济的发展水平以及在国民经济中的地位；从微观上看，可以反映出地区经济的发展水平。

林产品市场的辐射范围是指特定市场对经济的影响程度和市场地位，它一般与商品的可获得性成反比。比如，一种林产品比较丰富，可获得性强，那么该产品市场的辐射范围就相对较小；如果一种林产品比较稀缺，可获得性差，那么该产品市场的辐射范围就相对较大。

投入的货币资金数量包括货物交易资金和市场建设投入资金。在通货膨胀比较稳定的情况下，如果货物交易资金多，则相对应的林产品实物交易就比较多，市场比较活跃，市场规模就比较大。同样，如果市场建设投入资金多，那么该市场的基础设施建设就比较好，市场交易活动就比较容易进行，市场规模也就相对较大。

交易者数量包括买方和卖方的数量总和。交易者数量越多，表明林产品市场规模越大。

（二）林产品市场的结构

林产品市场结构是指林产品交换活动中各要素之间数量比例关系和联系方式。

第一，林产品市场主体结构。林产品市场主体结构指的是进入林产品市场的交换主体数量及其之间的关系状况。具体包括林产品销售者及其之间的关系、林产品购买者及其之间的关系以及买卖双方的关系等。目前我国林产品市场主体中的销售者主要有：各类型的林产品生产企业和个人、林产品经销企业和个人。林产品购买者主要有：企业、团体和个人消费者。通过对林产品市场主体结构的分析，可以深入获得林产品市场主体间的关系状况，从而为林产品市场的分析提供重要的基础。

第二，林产品市场客体结构。林产品市场客体结构指的是市场交换商品的数量比例关系和联系方式。从宏观层面看，指的是各类不同林产品市场结构，如木质林产品市场与非木质林产品市场间的结构关系、有形林产品市场与无形林产品市场间的结构关系等。从微观层面看，它指的是同一市场内交易的各种林产品种类、数量及其之间的关系状况。

第三，林产品市场空间结构。林产品市场空间结构主要是指不同地区林产品市场间的关系状况。它既包括林产品的国际贸易，又包括国内不同地区之间的林产品市场结构。

对林产品市场规模和结构的研究可以进一步判断和识别林产品市场的具体特征和发展状态。

四、木材产品市场

木材是最主要的木质林产品，由此决定了木材市场在整个林产品市场中的主体地位。木材市场作为林产品市场的一个重要组成部分，在木材生产、分配、流通和消费过程中有着极其重要的作用。

木材和其他商品一样受市场机制制约，也要通过市场交换及运输、储存等活动才能完成从生产到消费的转移过程。但是木材市场的商品物流大多源于森林资源，其生产流通和消费不同于其他商品，这就使得木材市场有许多其他商品市场不同的特点。

第一，木材市场受供给约束较强。木材是森林的主要产品之一，林资源是木材生产赖以进行的基础和物质条件，由于受森林资源生产量、生产周期及土地有限性等条件的制约，木材不能像其他商品那样通过提高劳动生产率就可以大幅度地增加供给。这样木材产品市场就不能完全"按需供给"，木材产品供给方也不能"以需定产"。此外，由于林业发展不仅要考虑木材市场产品的需求，还要发挥其生态效益和社会效益，许多国家对森林资源实行保护政策，对木材生产实行严格控制，这也使木材产品市场的供给受到限制。

第二，木材供给的地域性。由于自然、历史和人口等因素的影响，致使森林资源的分布很不均匀。这种不均匀性必然造成木材产品供给的地域性特征。

第三，木材需求的多样性和广泛性。木材是当今四大材料（钢材、水泥、木材及塑料）中唯一可再生又可循环利用的生物资源，具有质量轻、强度高、美观、易于加工等优良特性，因而作为国民经济生产建设的主要生产资源和人民生活不可缺少的生活资料，广泛用于建筑、装饰、造纸、家具制造、采矿支柱、包装、交通、胶合板生产、农村能源和国民经济生产、居民生活等方面，具有需求的广泛性。

第四，木材运输的重要性。木材供给的强地域性和木材需求的广泛性使得木材运输成为木材流通中的关键环节，运输能力和流向成为制约木材供给的重要因素之一。木材体积大且十分笨重，因此木材运输困难，并且运输成本在木材生产成本中所占比重较大。

第五，木材供给弹性小。木材商品的供给弹性小，这和木材供给约束和木材供给地域性强的特点紧密相关。由于森林资源的生物特点、长周期约束、限伐政策，还有木材运输受到运能、运力的限制，在木材价格变化时，木材供给不能迅速做出灵敏反映。当然，木材商品中因品种不同，其生产周期不同，供给弹性也会有差异。

五、森林碳汇市场

森林碳汇市场是林业无形林产品市场的典型代表。

气候变暖是人类面临的主要生态问题，而大量排放二氧化碳等温室气体形成温室效应则是气候变暖的根源。森林碳汇功能具有比其他减排方式更经济和高效的优点。

碳汇是指自然界中碳的寄存体。森林碳汇就是在全球碳循环中，森林植物通过光合作用，将大气中游离的二氧化碳固定下来，转变为有机态的碳，从而减少大气平流层中导致气候变暖的二氧化碳的浓度，形成所谓的碳汇，实质就是森林的固碳功能，是森林生态系统提供的众多生态功能中的一种。

林业碳汇是通过实施造林再造林、森林管理和减少毁林等活动，吸收大气中的二氧化碳并与碳汇交易结合的过程、活动和机制。

森林碳汇属于自然科学的范畴，林业碳汇既有自然范畴又有社会经济属性，并侧重其社会属性，强调人的参与与碳汇交易结合，故与碳汇交易机制相关。

森林碳汇市场是以森林资源提供的一定数量和质量的碳汇服务为交易中介，上端连接碳汇服务的提供者，即供给方；下端连接温室气体的排放者（源），即需求方。森林碳汇市场是碳市场的一个重要组成部分。在市场上，森林碳汇作为商品，通过碳信用自由转换成温室气体排放权，帮助需要者完成温室气体减排义务，这就形成了森林碳汇服务市场。森林碳汇的市场交易为森林生态服务功能提供了市场交换的方式，实现了森林生态价值的市场补偿，对于融资发展林业、保护生态环境具有重要意义。它也是具有典型意义的林业无形产品市场类型。

六、林产品贸易

（一）林产品贸易的内涵

贸易是指商品交换或商品买卖的行为。贸易是商品经济发展的必然产物，贸易活动是具有商品经济社会本质特征的经济行为。林产品贸易就是林产品商品交换或买卖行为的总和。一方面，林产品商品的经营者或所有者通过林产品贸易活动转入林产品商品所有权或经营权，获得货币；另一方面，林产品商品的购买者通过林产品贸易活动，以支付一定数量的货币，获得林产品商品的所有权。林产品贸易在林业经济运行中具有重要的作用。

（二）林产品贸易的形式

林产品具有贸易的各种形式。贸易形式包括三个要素，即交易行为、交易方式和交易手段。贸易形式是商品实行自身价值和使用价值过程的外部形式；贸易活动则是贸易形式所体现的内容。根据贸易的特点和林产品的实际情况，林产品贸易形式主要有以下几种：

第一，批发贸易和零售贸易。批发贸易是指为进一步转卖或供生产加工而专门从事批量较大的商品交易的一种贸易形式。零售贸易是指把商品直接卖给消费者个人用于个人生活消费，或供社会集团用作非生产性消费的一种贸易形式。

第二，进出口贸易。林产品进出口贸易又称林产品对外贸易或国际贸易，是林产品进口贸易和出口贸易的总称。林产品出口贸易是指将本国生产和加工的林产品商品运往他国市场进行销售；林产品进口贸易是指外国林产品商品输入本国市场进行销售。林产品国际贸易可以充分利用国际国内两个市场，促进资源的优化配置和经济的可持续发展；直接或间接地获得国外林业方面的先进科技、设备和管理经验；增加国家财政和外汇收入；有效地缓解我国森林资源短缺问题，满足国内林产品需求。进出口贸易形式又分纯商业方式的商品贸易、加工贸易、补偿贸易和租赁贸易。

第三，其他贸易形式包括信用贸易、信托贸易、租赁贸易、期货贸易等。

第三章 林业产权管理

第一节 林权管理

一、林权概述

（一）林权的概念

林权通常是指森林、林木、林地的所有权。所有权即所有权关系，是法律所确认的，指的是人们之间因对物质资料的占有、使用、收益和处分而发生的权利义务关系。具体讲，就是在所有权关系中，享有所有权的人（即所有人）所享有的权利和非所有人所承担的不妨碍所有人享有权利的义务。这当中，单就权利而言是指所有人在法律允许的范围内对其财产享有占有、使用、收益和处分的权利。

在林权关系中，所谓占有，就是森林、林木、林地的所有者依法对自己所有的森林、林木、林地实行控制的权利。占有权一般都由森林、林木、林地所有者直接行使，即直接控制，只有在特殊情况下才可以由非森林、林木、林地的所有者行使，如承包经营管理林木，占有权就由承包者直接行使。所谓使用，就是森林、林木、林地的所有者根据森林、林木、林地的性质和特点对其加以利用，以满足生产和生活的需要。使用权通常由森林、林木、林地的所有者行使，特殊情况下也可以由非所有者行使。所谓收益，就是森林、林木、林地的所有者在对森林、林木、林地使用过程中获取其利益，如出售林木、木材或木制品等获得盈利，种植果树收获果品等，收益权既可以由所有者直接行使，也可以由非所有者行使。所谓处分，也叫处置权，是森林、林木、林地的所有者对其所有的森林、林木、林地决定其事实上和法律上的命运。事实上的处分，如将林木采伐；法律上的处分，如将林木或林地转让等。处分权是所有权中最基本的权利，也是林权中的核心内容。

以上介绍的林权关系中的四个具体权能一般情况下都是统一的，如国家所有的森林、林木、林地由国家经营管理，集体所有的森林、林木、林地由集体组织经营管理。但现实生活中，有的森林、林木、林地不是同时归属同一个所有者，如有的森林、林木属国家所有，而林地属集体所有；也有的森林、林木属集体所有，而林地属国家所有；有的林木属个人所有，而林地属集体所有；等等。特别是党的十一届三中全会以后，全国开展林业"三定"工作，出现了森林、林木、林地的所有权与使用权相分离的情况，这反映出林权关系中的具体权能是不统一的。但分离并不意味着所有权的丧失，而是行使所有权的一种具体形式。另外，在实际工作中有的地方将森林、林木的所有权和使用权称作"林权"，将林地的所有权和使用权称作"山权"，或将二者合并称作"山林权"，也有的地方将国有林业企事业单位所拥有的森林、林木、林地的占有权、使用权、收益权和处分权称作"经营管理权"或"经营权"，这些约定俗成的叫法虽不能真正反映林权的内涵，但却是普遍为人们所接受的，因此在分析林权内容时，要根据具体情况而定。

（二）林权的主体和客体

林权主体即森林、林木、林地的所有者；林权客体即林权所指向的具体物。因林权客体的不同，林权的主体也不相同。根据《森林法》第三条规定，在我国，森林只能归国家和集体所有，公民个人不享有森林的所有权；林木不但可以归国家或集体所有，而且可以归公民个人所有；林地也只能归国家或集体所有，因为林地属土地范畴，建国后我国取消了土地私有制，所以不存在土地私有的情况，即林地也不能归公民个人所有。但是公民可以依法享有林地的使用权，如集体经济组织划分给林农经营管理的责任山、自留山，就依法享有使用权。

现阶段根据我国《森林法》及有关法律规定，林权主体有以下几种情况：一是森林所有权的主体为国家和集体；二是林木所有权的主体为国家、集体或个人；三是林地所有权的主体为国家或者集体。

林权客体，包括森林、林木和林地。从法律特征来讲，森林、林木和林地属于生产资料，是可分物，并是受限制的流转物。

（三）林权的确认和保护

林权的确认，是指依法对森林、林木、林地所有权的承认和确定。根据《森林法》第三条第二、三款的规定，法律确认林权，有两种形式：第一，森林、林木、林地所有权证书；第二，林地使用权证书。森林、林木、林地的两种证书，均由县级以上地方人民政府登记造册后颁发，作为林权所有者享有权或使用权的法律凭证。

对森林、林木、林地所有权的保护，根据《森林法》的规定一般有三种方法，即行政保护、民事保护、刑事保护。

行政保护就是在林权所有者的森林、林木、林地及其权益受到非法侵害时，国家有关行政机关可依法予以处理，提供保护。主要措施有两种形式：一是人民政府协商调解；二是有关行政机关实施行政处罚。

民事保护就是当林权所有者的森林、林木、林地的权益受到非法侵害时，有权向人民法院提起诉讼，请求保护。根据所侵害性质不同，所有人可提出如下几种请求：①确认所有权；②返还原物；③赔偿损失；④排除妨害等。

刑事保护就是林权所有者的森林、林木、林地权益遭到他人严重危害时，有权请求由人民检察院提起刑事诉讼，人民法院依法对危害行为处以刑罚。

二、国家、集体、公民个人林权

（一）国家林权

国家林权是指国家所有的（即全民所有）森林、林木、林地在法律上的表现。我国是社会主义公有制国家，国家所有制是社会主义公有制的主导组成部分，所以国家的森林、林木、林地在整个国家财产中占有十分重要的地位，是社会主义全民所有制经济的重要内容之一，是全国人民的共同财富，同时，也是发展我国林业的主要物质基础。

国家所有的森林、林木、林地，是我国森林资源中的主导力量，占有极重要的位置。自1984年《森林法》颁布实施以来，国家十分重视对国家林权的确认和保护管理工作，并依法进行了确定林权，核发国有林权证工作。在核发林权证的过程中，还解决了一大批林木、林地权属纠纷。据统计，截至目前已完成发放国有林权证的单位占应发证单位的96%，发证面积占应发证面积的90%，尚未完成发证的地方仍在积极创造条件抓紧落实这项工作。

国家所有的森林、林木和林地具有唯一性和统一性的特点，即只有中华人民共和国才是国有森林、林木、林地的所有者，其他任何单位和个人都不是所有者，而只能是经营者或使用者。但是，国家所有的森林、林木和林地也不都是由国家直接经营，而是实行统一领导、分级管理的原则，分别交由中央和地方的各级林业机关、企事业单位经营管理的，他们分别按照各自的管理权限和范围经营管理国家所有的森林、林木和林地，并对其经营管理的森林、林木和林地依法行使占有、使用、收益和处分的权利，同时在国家授权的范围内，按国家的要求依法独立行使经营管理权，不受任何单位和个人的非法干涉。

（二）集体林权

集体林权是集体经济组织所有的森林、林木和林地在法律上的表现，是劳动群众集体财产所有权的重要部分。在我国社会主义公有制经济中，除了国有经济以外，相当大的一部分便是劳动群众集体所有经济。我国宪法明确规定，国家保护城乡集体经济组织的合法权利和利益，鼓励、指导和帮助集体经济的发展。

集体所有的森林、林木和林地在我国森林资源中占有相当重要的地位，是发展我国林业不可忽视的重要组成部分。国家也十分重视集体林权的保护工作，自《森林法》颁布实施以来，绝大多数集体所有的森林、林木和林地都依法完成了定权发证工作，维护了其合法权益，从而促进了集体经济组织发展林业的积极性。

集体林权的主体是该集体经济组织，而不是其集体经济组织的成员。虽然有的集体经

济组织所有的森林、林木和林地，最初是由其成员参加该集体经济组织时加入的份额，但其所有权性质已经发生了改变，已由个人所有变为该集体所有，而不是共有。因此，其成员不是集体所有森林、林木、林地的所有者。只有集体经济组织才有权依照法律的规定及全体成员的决定来行使对集体所有的森林、林木、林地的占有、使用、收益和处分的权利。

集体所有的森林、林木和林地由集体经济组织行使所有权，但采取灵活多样的经营管理方式来实现。既可以兴办集体林场，也可以实行其成员愿意接受的其他任何方式、方法，以利于集体林业的发展。

集体林权受国家法律保护，任何单位和个人都不得侵犯，也不得任意平调或无偿占有，否则，就是一种侵权行为，集体经济组织可以申请有关行政主管部门予以查处，或者诉诸法律以维护集体经济组织的合法权益。

（三）公民个人林权

公民个人林权是公民个人所有的林木和使用的林地在法律上的表现。公民个人所有的林木属公民个人财产的组成部分，公民个人使用的林地是国家或者集体财产的内容，同时是公民个人合法使用权的一个方面。公民个人所有的林木和使用的林地，是我国森林资源的一个组成部分，也是为满足公民个人生产生活需要和丰富物质文化生活必不可少的物质条件，同样受到国家法律的保护。

一般情况下，公民个人林权的主体是公民个人。但是在以家庭形式承包荒山造林以及在自留山上造林的，其所有者和使用者则通常为家庭，这是一种特殊的个人所有权和使用权。在这种情况下，其所有者和使用者的权利和义务则由整个家庭来行使和履行，而不能仅由某一公民个人使用和履行，只有在个别情况下（家庭为单一成员）才能由某一公民个人使用和履行。

依法保护公民个人林权，是我国社会主义法制的必然要求，也是发展我国林业事业所必需的。因此，当公民个人林权受到侵犯时，公民个人有权请求有关主管机关和人民法院依法予以保护。

第二节 森林资产产权管理

一、森林资产产权制度

（一）森林资产产权的产生

由于森林资产在财产构成上的复杂性和功能的多样化，其产权的产生方式也是多种多样的。常见的方式主要有以下几种：

1.依法界定而产生的产权

有关自然资源法规是资产产权产生的基本方式。因此，有关法律文件、法律文书是导致产权产生的重要依据。森林资产产权产生的主要法律依据有《中华人民共和国森林法》、《中华人民共和国森林法实施细则》《中华人民共和国土地管理法》。无论国家、集体、个人都可依据自然资源法规中的某些条文，依法取得某项资产的产权。但没有完善的经济立法就不会有完善的产权制度，因此通过经济立法来完善产权制度是稳定山林权属之根本。

2.由资产界定而产生的产权

资产界定包含了一系列执法行为，其结果伴随着产权的产生。资产界定一般由政府的权力机关或经它授权的派出机构进行。界定的结果以具有法律效力的文书来表达，并伴随着产权的产生。由资产界定而确定产权的具体做法有：

（1）委托授权方式

上级主管部门以行政法律文书的方式，将资产委托给某下属企业法人来行使产权。受委托的企业法人便经授权取得了有关资产的产权。我国绝大多数林业企业的森林资产就是通过这一方式而取得产权的。

（2）判决或裁定方式

当两个以上经营主体对同一份森林资产的产权发生争议时，由司法机关或行政执法部门审理而做出判决或裁决。判决书或裁决书生效后，森林资产的产权归属即明确，胜诉方取得产权，败诉方放弃产权。

（3）勘测认定方式

当某项资产的产权处于未定状态时，由权威性的勘测鉴定部门经认真而科学的勘测鉴定，确定产权的归属。被授予产权的经营主体即取得该项森林资产的产权。在林业实践中，处于贮藏状态的森林资源过渡到经营状态的森林资产时，经常采用这种方式。

（4）因投资而产生的产权

投资是资产经营中最主要的经济行为，当森林资产的某些构成部分的经营价值还未被认识时，其产权归属往往是不明确的，如尚未开发的林业用地。森林环境资产的某些部分，未被认识其价值的野生动植物等。理论上，它们的所有权属归国家或集体，但其产权归属则不明确。在此情况下，只要经营主体在政策、法律允许的范围内投资经营，即可取得产权。

由投资经营而取得产权的方式还包括合法的产权流转而导致产权转移的情况，即产权作为商品，通过买卖而取得。

（二）森林资产产权体系

根据森林资产的产权特性，我国森林产权体系有以下几部分：

1.森林资产的国家产权

凡属国家所有的森林资产，国家以特殊经济主体的资格享有产权。国家森林资产产权的界定或由法律明确规定，或由经授权代表国家的产权管理机构及勘测界定机构现地界定。经界定的产权受法律保护，任何人不得侵犯。国家产权经过一定的法律程序，可将森林资产的经营权界定并转移给某企业，企业据此取得国有森林资产的占有权，并依法开展经营活动。从我国目前森林资产的情况看，国家产权表现为三种形式：

①由法律规定归国家所有的森林资产所有权，这是区分森林资产国家所有与非国家所有的依据；

②以政府规章形式确认森林资产产权流转的决定权，这是各类经济主体森林资产产权转移的依据；

③经政府授权用一定的勘测方法对森林资产的界定，是确认和裁决各类经济主体之间森林资产产权争议的依据。

上述三种情况是国家产权的表现形式。据此可明确哪些森林资产属国有，哪些属非国有；经济主体之间森林资产产权流转是否合法；主体之间森林资产产权争议裁决是否公正，等等。

2.森林资产的企业产权

国家产权明确后，国家产权管理机构根据有关政策及法律规定，经合法程序，把某一地理空间范围内的森林资产划给某企（事）业单位经营，这些单位由此而取得这部分森林资产的产权。

企业产权表现为三种形式：

①国家产权管理部门以法定形式界定、给予，使企业取得产权；

②林业经营单位通过产权流转而取得产权；

③林业经营单位将贮藏状态的森林资源通过投资活动合法取得产权，这是非国有单位取得森林资产产权的主要渠道。

3.森林资产的经营者产权

经营者产权表现为三种形式：

①在推行承包责任制过程中，劳动者通过契约取得产权，其内涵由契约规定；

②在合法的产权流转中，劳动者以商品交换方式取得产权；

③经营者通过投资经营取得产权。

（三）产权制度及构成要素对森林资产价值的影响

森林产权制度定义产权持有者对森林资源的一系列权利，即对资源经营利用的控制程度享有该资源所产生经济利益的范围。一项产权制度中包含的权利大小、利益多寡或稳定与否是由产权要素的不同组合决定的。任何产权安排都包括以下基本要素：

1.产权内涵

产权内涵代表持有者对资产价值的权利范围。一块土地的完全产权，意味着该区域的土地地表、地下矿藏、林木、林中各种动植物，以及光、热、水、景观等各种资源所产生的全部价值的所有权和由此带来的利益。

2.产权主体或产权持有者

传统上，产权主体可以行使对资产的占有、使用、收益以及处置等全部权能。在当今社会化大生产条件下，产权主体分化成所有者和使用者两个对立面，这时，产权主体享有的权能便在二者之间分配，而使用者必须在服从所有者的利益基础上行使使用权，通常没有对资产任意处置的权利。

3.产权持续时间

产权持续时间代表权利有效延续的长度。完全产权包含永久的权利，而在租赁、承包等形式中，只是有限期限的产权。

4.产权利益分享规则

产权的核心是持有者如何从资源总价值中分享应得的利益。这有两方面的问题：首先是资产收益中有多少转向公共目的；其次是资产收益在扣除了用于公共目的后的剩余部分，如何在所有者与使用者之间进行分配。产权利益分享规则应当明确、合理、稳定和受法律保护。此外，森林资产经营中存在着外部正效应的外溢，使得资产持有者不能获得投资回报，这就要求社会分担成本，或者减免税收，否则就会造成收益与成本不匹配。

5.产权的可交换性

产权的可交换性代表着产权被分割、产权要素重新组合、买卖转让给他人的权利。产权自由交换的意义在于使资源能够转移到最能有效地使用它的人手中，使其经济潜力能最大限度地发挥出来。

6.产权的排他性

排他性代表着持有者能单独享用权利，排除外界干扰的程度，包括排除他人参与资源经营决策过程，排除他人侵占资产收益。提高产权的排他性，可以促进资源使用效率，减低资产风险。

上述产权要素的不同组合便构成了多种多样的产权形式，每一种具体形式所含权利大小是不一样的，而产权价值大小，则取决于权利约束的大小。

拥有较多内涵的资产价值当然高于拥有较少内容的资产价值。现实社会中，无论是森林资源的所有者，还是使用者，都只能拥有或使用广义森林资源中的一项或几项资产。当森林资源的产权主体明确，其权利和责任受到法律的监督和保障时，客观上才会产生对资产价值正确估价的要求和可能性。

一项低税或免税资产，一项不存在任意强加规则以外费用的资产，对持有者的价值自然要比相反情况下的资产高得多，若在某种产权制度安排下，所有者无法确保从中得到合理租金，使用者无法确保从中获得正常利润，那么当事人就会将这种不确定性纳入评估之中，从而低估资产价值。只有在利益分享规则合理、清楚时，当事人才能正确估计自己的投入和收益。

能够自由交换，具有较强流动性或变现性的资产，通常具有较高价值。而森林资产在继承和转让的可能性、转让方式、转让对象等方面受到严重约束，降低了人们对其估价。

普遍存在的外来个人、团体甚至政府部门对森林资源经营的干涉、侵扰，增加了资产的风险性。风险越大，资产价值越低。政府对林业经营活动的调节、控制，也影响着森林资产的估价，如对林地使用方向的限制，可能使林地不能用于具有最高经济价值的用途。对劣等林地来说，按能提供林产品的经济潜力估计，土地价格通常很低，很多情况下，土地净现值或土地期望值为负值。但劣等地可能是很好的交通、建筑、工业项目用地，按新的使用方向作价，土地价格便会上升。但按现行制度，土地的这类跳跃增值，被排除在森林产权内涵之外，林地产权持有者就难以对林地正确估价。有关部门对造林、抚育、采伐活动的各项规程，也使得林地使用者必须承担一定的环境保护费用，采伐者不能按收益最大化方式确定采伐计划，如果这些规定使当事人负担了与收益不相称的额外费用，则会大大降低投资者对林地资源的估价。

总之，产权制度规定了由谁，在什么时间承担资产使用的成本，享受资产带来的利益，因此，它决定着投资者对资产的估价。

二、森林资产产权登记

（一）森林资产产权登记的必要性

森林资产产权登记是使经过界定的森林资产客体与森林资产经营主体相结合的依法

书证过程。产权登记以后所形成的产权证书是资产经营主体依法享有产权的书面证据。森林资产产权登记为以后的经营活动与资产保安提供了法律保障，也为森林资产的产权管理创造了条件。有了产权证书，就为森林资产的统计、核算、评价、审计、转让等创造了有利条件，为森林资产评估以及资产化管理打下了基础。具体来说，其必要性表现在以下几点：

1. 产权登记是资产评估与资产化管理的需要

资产评估与资产化管理要求对资产的主体、客体、内容以明白无误的法律文书表达出来，资产产权证书正是表达产权要素的载体。没有产权证书，产权关系就只能停留在口头上，缺乏法律保障，资产评估就无法进行，更难以规范化。

2. 产权登记是明确界定森林产权、调动经营主体积极性、发展林业生产力的需要

发展林业生产力，主要是要调动经营主体的积极性，依靠经营主体的作为去发掘利用森林资产的潜在价值。资产未经产权登记，主体不明确，资产经营的利益归属不明确，也就无从发挥经营主体的主观能动性。

3. 产权登记是市场经济发展的客观要求

产权可以在经营主体之间以商品交换的方式发生流转，并在流转中实现资源配置的优化，这是市场经济的特征。产权的流转以产权登记为前提条件，流转的内容可以是产权的全部，也可以是产权的某一部分。产权在流转中就存在着产权主体与客体的最佳结合。

（二）森林资产产权登记的内容

产权登记的内容应当是森林资产产权法律关系的真实反映。具体包括以下内容：

1. 森林资产产权主体

①产权主体的经济性质。

②产权主体的名称。以产权主体正式使用的名称为准，名称实质上也是产权的一部分。

③产权主体的资格与能力。指主体何时成立、达到何种规模、生产技术水平、综合经营水平等。

2. 森林资产产权客体的数量、标准

产权客体的构成与经营管理水平相关。如森林环境目前在众多人眼中尚未被视作资产，但随社会经济的发展，环境成为资产终将成为必然。根据我国目前的状况，森林资产客体产权登记的项目如下：

①林业地产的数量与标准。主要包括：地产所在的位置、面积及"四至"、地产经营类型、土地质量等级、经营目标及期限等；

②林木资产的数量与质量。主要包括：林木树种名称、栽植及经营年限、单位面积株数、主要测树因子、经营利用目标等；

③野生动植物种类与数量。主要包括：动植物名称及动物活动范围、储藏信息及其分布、经济开发量或比重、产值估算、经营开发年限、允许采集或狩猎的时间控制等；

④森林环境开发登记。主要包括：环境资源的分布范围、景点分布、开发方案与经营项目（旅游观赏、食宿娱乐、卫生疗养、科学考察等）、效益评估及分配原则。

3.森林资产产权关系

产权关系就是产权关系主体应当享有的权利与应当履行的义务在产权证书上的明确记载。它为经营管理责任的划分、收益分配比例确定、纠纷的裁决等提供了依据。具体登记项目如下：

①产权主体的法律地位。要写明上级产权管理部门所发产权证书的法律效力范围，产权证书持有者的法律地位及自然概况。

②资产占有主体应享有的权利。如土地使用权、林木经营权、野生经济植物采集权、野生动物猎取权、野生动物养殖管理权、资源保护权以及产品加工、贮藏、运输、销售、定价等市场经营权。

③资产占有主体应履行的义务。主要包括：应承担资产安全风险的义务、完成产品定购数量的义务、上缴税费的义务、不得利用资产从事违法活动的义务、不经批准不得私自转让产权的义务等。

（三）森林资产产权登记的步骤

产权登记过程是产权证书的制作过程。组织产权登记是一项管理实践，应当有计划、有组织、有步骤地进行。现将主要步骤分述如下：

1.产权关系界定

产权登记之前，首要的是明确地界定产权关系。对过去产权的演变历史、目前产权关系界定的理由和依据、未来产权关系变化的可能，都要做到明白无误、判断准确。

由于森林资产的经营具有分散性、多层次性，可为多种类型的经济主体所经营，故森林资产产权关系也有多重性的特征。产权关系类型的界定，意味着产权关系主体是合法的、明确的，具有经营森林资产的资格。

2.产权客体认定

现将认定的主要项目及指标列举如下：

（1）林地资产

有地理位置、地貌类型、长度、宽度及面积、土壤类型及厚度、水分状况、肥力等级、距交通干线及距居民点的距离、利用方向或经营目标、土地质量等级。

（2）林木资产

有树种名称、平均树高、平均胸径、最大树高、最大直径、平均年龄、蓄积量、生长势、郁闭度、每公顷株数、病虫害感染程度、林木种类及密度、地被物种类及密度、经济收获部分的名称及用途、林分质量等级。

（3）野生经济植物资产

有植物名称（科、属、种）、分布密度、生长状况、收获利用部分的生长发育状况、储藏量估测、收获量估测、商品率估测、采收季节及运输条件、仓储及加工条件、市场销售前景。

（4）野生经济动物资产

有动物名称（科、属、种）、分布数量、迁徙规律、繁育特性、收获利用部位、储量估测、猎取量估测、商品量估测、仓储条件、加工条件、运输条件、市场销售前景。

（5）环境资产

有环境质量等级评价、环境生态系统稳定性评价、环境资源开发的目标及类型（旅游观赏、卫生疗养、文物古迹展览、科学定位考察、珍贵稀有标本基地等）、开发前景的估测、配套条件、设施的可靠性、投入产出前景预测。

三、森林资产产权变动管理

（一）森林资产产权变动

产权，即资产权利，是经济主体对资源所能行使的权利，它是以财产所有权为基础，以及由此派生的财产占有权、经营权、收益权、处置权等权利的集合。

森林资产产权变动是指森林、林木所有权和林地使用权以有偿方式进行有序转移的一种经济行为。森林资产的有序变动，可以极大地调动全社会经营林业的积极性，促进森林资源培育产业化，也有利于激活资源性存量资产，拓宽资源培育的投资、融资渠道，从而促进林业的可持续发展。

森林资产产权变动的原因是由于出让、转让、合资、合作、股份经营、联营、租赁经营、抵押拍卖、企业清算等引起的森林、林木和林地资产产权的变动。

因出让引起的森林资产产权变动是指森林所有者将其使用权在一定年限内出让于经

营者，并由经营者向所有者支付使用权出让金的行为。

因转让引起的森林资产产权变动是指经营者将使用权再转移的行为。包括出售、交换和赠予。使用权转让分为分割转让和整体转让两种，转让时转让方仅有一个，但受让方可能是一个单位，也可能是两个以上单位。

其他原因引起的森林资产产权变动要根据有关法律、法规、政策规定，确权并办理有关手续。

（二）森林资产产权变动管理

按照原林业部、国有资产管理局发布的《关于森林资源资产产权变动有关问题的规范意见（试行）》规定执行，主要有以下几点：

①森林资源资产的占有单位发生森林资源资产产权变动时，应向当地林业行政主管部门提交森林资源资产产权变动申请书及有关材料。

②资格审查合格后，国有森林资源资产产权变动由上一级林业行政主管部门审批；集体组织的森林资源资产转让由县以上林业行政主管部门审批；东北、内蒙古国有林区森林企业经营管理的森林资源资产产权变动由国家林业和草原局审批。在资格审查中，如涉及港、澳、台或外籍公民或法人，应审查其所在地区（国）的公证、外交机构的认证和我国驻该地区（国）商务代表处、使馆的认证文件。

③森林资源资产产权变动必须进行资产评估。

④双方协商，按《经济合同法》的规定签订森林资源资产产权变动合同或协议。

⑤签订的合同或协议生效后，当事人应向当地林业行政主管部门办理产权变动登记手续。

⑥森林资源资产产权变动的单位应提供以下资料：林权证书及有关证明；合同及协议；森林资源资产评估报告；其他有关证明材料。

第三节　林地管理

一、林地管理的内容

（一）林地管理的概念

1.林地概念

林地即直接或间接用于发展林业的土地，统称为林业用地。它包括郁闭度0.2以上的乔木林地、竹林地、经济林地（包括木本的果类、油类、茶类、药类树木用地）、灌木林地、红树林地、疏林地、未成林造林地、采伐迹地、火烧迹地、苗圃地、林业科研教学的林用地和县级（含县级市、区，下同）以上人民政府批准规划的宜林地，以及国有森林经营单位的林地。

2.各地类划分的技术标准

（1）有林地

综合原林业部1996年7月颁布的《森林资源规划设计调查主要技术规定》做出下面各地类的划分。

在森林资源调查中，常把郁闭度0.2以上的乔木林划为林分，而林分、竹林、经济林又构成了有林地，有林地又可分为天然林和人工林。

①天然林。郁闭度0.2以上（含0.2，按10分法，下同）的天然起源的林分，未郁闭的天然幼林，每公顷株数2250株以上，且平均高在50cm以上、分布均匀者可划为有林地。

②人工林。凡人工造林（南方3年，北方5年）及南方营造的木麻黄、南洋楹、大叶相思、马占相思2年，或飞机播种（南方5年，北方7年）后生长稳定，保存株数占造林设计株数的80%以上；飞机播种造林每公顷保存株数3000株以上（含天然幼树）；郁闭度0.2以上的人工起源的林分。

③竹林地。由竹类构成的森林，不包括胸径2cm以下的小杂竹丛。

（2）疏林地

由乔木树种构成，郁闭度0.1～0.19的中龄林以上的林地。幼龄林、经济林和竹林不划分疏林地。

（3）灌木林地

由灌木树种或因生境恶劣矮化成灌木型的乔木树种以及胸径小于2cm的小杂竹丛构成，覆盖度在30%（含30%）以上的林地，分乔木生长范围以内和以外两类。

①乔木生长范围以内，灌木林地立地条件适合于乔木生长。

②乔木生长范围以外，灌木林地立地条件不适合于乔木生长。

（4）未成林造林地

人工造林后成活株数或保存株数大于或等于造林设计株数的80%以上，尚未郁闭但有成林希望的新造林地；疏林补植，每公顷有1800株（含上层林木）以上，尚未郁闭，但有成林希望的补植林地。

（5）苗圃地

指固定的林木育苗地。

（6）无林地

包括宜林荒山荒地、采伐迹地、火烧迹地、宜林沙荒、林中空地、天然更新林地、预备造林地和暂未利用地。

①宜林荒山荒地。未达到上述有林地、疏林地、灌木林地、未成林造林地标准的林业用地。

②采伐迹地。采伐后达不到疏林地标准，在2年内尚未更新的迹地。

③火烧迹地。火烧后保留的活立木达不到疏林地标准，在2年内尚未更新的迹地。

④宜林沙荒。包括造林可成活的固定、半固定沙丘和沙地。

⑤林中空地。林分中面积0.3hm^{2}以下的宜林空地。

⑥天然更新林地。天然更新评定等级达中等（含中等）以上，即每公顷有天然更新的幼树1200～2235株，但未达到有林地标准。

⑦预备造林地。调查时已整地但尚未造林的土地。

⑧暂未利用地。由于目前的技术水平和经济条件，暂未利用的林业用地，包括海拔800m以上的荒山荒地，雪山、沼泽地，悬崖、沟壑，岩石裸露占60%以上、具有形成林分可能性的地。

3.林地管理的概念

林地管理是国家用来维护土地所有制，调整林地关系，合理保护林地利用，以及贯彻和执行国家在林地开发、利用、改造等方面的决策而采取的行政、经济、法律和工程技术的综合性措施。

（1）维护土地所有制

林地管理不仅是生产资料管理，而且是构成社会土地关系的，可维护林地公有制的一项国家措施。林地管理是国家用以制止或约束对社会主义林地公有制的各种侵犯行为，保护林地所有者、使用者的合法权益，稳定社会主义林地利用方式的一项重要措施或手段。

（2）调整林地关系

指对林地所有权、使用权等权益的确立与变更关系的协调、理顺。调整林地关系，一方面必须依靠国家有关的法律规定，遵循林地利用的客观规律完成法律组织程序；另一方面，还要利用一定的技术措施，在土地空间上确定其数量、质量及相关位置，为合理利用林地建立良好的林地组织条件。所以，调整林地关系，不仅是一项法律措施，同时也是一项技术措施。

（3）合理组织林地利用

这是林地管理的核心内容。组织林地利用指运用自然和经济客观规律，科学地确定各项用地结构及其空间位置。它不仅要研究社会生产对组织林地利用的客观要求，研究社会生产方式对组织林地利用的支配作用，同时还要研究林地属性和生态系统对组织林地利

用的制约规律。只有正确认识和掌握自然和经济的客观规律，才能达到充分合理利用林地的目的。组织林地利用不仅与工程技术有关，而且与经济效益及生态效益、社会效益密切相关。

（4）贯彻和执行国家在林地开发、利用、改造和保护等方面的决策

国家及各级政府在林地开发、利用、改造和保护等方面的决策或政策，要通过林地立法、组织林地利用等林地管理措施来实现，包括采用经济、法律、行政、技术等手段。

综上所述，林地管理是政策性、综合性、专业性、技术性和实践性很强的一项国家措施。

（二）林地管理的任务和内容

1.加强林地管理的意义

林地是森林资源的主要组成部分，是发展林业的基础。稳定林业经营范围，加强林地管理，既是加快国土绿化进程、促进国民经济发展和改善生态环境的大事，又是控制森林资源消耗、提高森林覆盖率的重要保证。

2.林地管理的任务

维护林地所有制，保护林地所有者和使用者的合法权益；掌握林地数量及其消长变化，保证发展林业生产对土地的客观需要；合理组织林地的开发和利用，提高林地生产力；贯彻《森林法》和《土地管理法》，加强林地的保护、管理、监督，制止乱占滥用行为。

3.林地管理的内容

林地调查，林地登记，林地统计和林地评价；林地所有权和使用权的确定，权属转移管理，林地权属争议调处，林地用途变更和征用、占用林地管理；林地利用规划，林地开发管理；林地保护、使用监督；林地税费建设和管理；林地流转管理。

二、林地权属管理

（一）林地权属

1.林地所有权

林地所有权的权能包括林地占有权、林地使用权、林地收益权和林地处分权四种。林地占有权是指林地所有人对林地实际控制的权利。一般情况下，林地可由所有人占有，有时也可由非所有人占有。我国林地所有权的主体是国家和集体，但作为林地所有权主体的国家或集体，并不一定亲自去经营和使用林地，因而出现了林地所有权和占有权、使用

权的分离。我国林地在大多数情况下，是由非所有人占有和使用的。非所有人的占有可分为合法占有和非法占有。合法占有是依据法律规定、林地使用证或承包合同占有所有人的林地；非法占有是指没有法律或合同规定而占有所有人的林地。林地使用权是指在法律规定范围内，对林地加以利用的权利。在我国一般集体林地所有者在法律规定范围内，依自己的意志直接行使这项权利，而国有林地所有者一般是把这项权利转让给非所有人行使。林地收益权是指基于对林地的使用而取得的利益的权利。作为基本生产资料的林地，它的收益包括林木和林副产品等直接、具体的收益和保证林业生产所需的其他建房基地、活动场所等间接的、不具体的收益。林地的处分权是依法对林地进行处置的权利，它是林地所有权的核心，有无林地处分权是区分林地所有权和林地使用权的界限。

2.林地使用权

林地使用权是林地所有权派生出来的一项权能，是指林地使用者按法律规定或承包合同对其林地所享有的利用和获得收益的权利。

通常所说的林地使用权是指从原所有权中分离出来的非所有人的土地使用权。根据我国有关法律规定，它包括林地占有使用权和林地承包经营权。林地占有使用权是指林地使用者依法规定或行政批准而对林地所享有的占有、使用和收益的权利。国有林地、森林等自然资源，可以依法由全民所有制、集体所有制单位保护其使用、收益的权利，使用单位有管理、保护、合理利用的义务。

国有林地、森林等自然资源的使用权具有相对独立性，其法定凭证是由县级以上人民政府核发的土地证和有关使用证书。林地承包经营权是指公民个人或集体组织在法律和合同规定的范围内对于集体所有的或国家所有由集体使用的林地、森林等自然资源享有的占有、使用、收益的权利。

根据我国有关法律规定，全民所有制单位、集体所有制单位、公民个人都可以作为林地使用权的主体，在使用林地的同时，应履行保护、管理和合理利用林地的义务。

（二）林地权属的产生与变更

林地所有权是法律赋予的，随着社会、政治、经济等情况的不同而发生改变。

我国的林地所有权为全民所有和集体所有两种。全民所有林地的所有权属于国家。国有林地一般不予变动，不允许把国有山林划给集体。国家通过各种途径，采取行政的、法律的、经济的手段实现其所有权的权能，任何破坏行为都要受到相应的法律制裁。集体所有的林地的所有权同样也受到国家法律的保护，但在一定条件下，集体所有的林地可因林地所有者消失或国家需要征用等方法转为国家所有；集体组织之间相互转换而发生变动。

（三）林地所有权和使用权的法律限制

1.林地所有权的法律限制

我国对国有林地采取绝对的法律保护，集体所有的林地虽然其所有权同样受到保护，但其行使权限则受到法律的限制。根据我国有关法律规定：第一，集体林地的所有者对林地所有权的行使，要服从国家和社会公共利益的需要。我国《土地管理法》规定："国家为了公共利益的需要，可以依法对集体所有的土地实行征用。"第二，集体所有的林地所有者对林地没有绝对的处分权。我国宪法和有关法律对此有明确的规定。如《矿产资源法》规定"矿产资源属于国家所有，地表或地下的矿产资源的国家所有权，不因其所依附土地的所有权或者使用权不同而改变"。即集体所有林地的地表或地下的矿产资源属于国家，集体组织和个人不得阻碍国家在该土地上行使矿产开采权。第三，集体所有林地的所有者对林地所有权的行使应符合整体规划的要求。第四，集体所有林地的所有者对林地所有权的行使，不能损害国家和社会公共利益，不得侵害相邻者的合法权益。

2.林地使用权的法律限制

我国对土地使用权的限制一般从土地使用范围、性质和年限等方面进行限制。根据《土地管理法》《土地管理法实施条例》等法律规定，单位和个人承包经营的土地和依法确定给个人使用的自留地、自留山，应当按照规定用途使用，不得用于建房、建窑、建坟、采矿、采石、挖沙、取土，而擅自改变其用途。同时《土地管理法》还规定：使用国有土地未经原批准单位同意，连续两年未使用的，由土地管理部门报县以上人民政府批准，收回用地单位的土地使用权，注销土地使用证。

（四）林地权属的确认和保护

林地的所有权、使用权，是由人民政府根据具有法律效力的有关证件，在登记造册的基础上，核发证书，予以确认。根据《土地管理法》第九条规定，集体所有的土地由县级人民政府登记造册，核发证书，确认所有权。全民所有制单位、集体所有制单位和个人依法使用的国有土地，由县级以上地方人民政府登记造册，核发证书，确认使用权。

林地是森林资源的重要组成部分，是林业生产建设和发展的基础，应有效地保护现有林地，防止擅自改变林地用途和非法转让出租林地使用权等。为了贯彻落实国务院办公厅的通知精神，原林业部于1995年发布了《关于实行使用林地许可证制度的通知》，这是保护和利用好现有林地资源，提高林地利用率，制止非法侵占、盲目开发利用林地，防止林地资源的流失，严格控制林地向非林地逆转，保护林地资源的有效措施。从1995年起全国范围内实行使用林地许可证制度。

第四章 林业生物灾害管理

第一节 林业生物灾害的概念

一、林业生物灾害与林业生物灾害管理

（一）林业生物灾害

林业生物灾害定义为有害生物在自然变异、人为因素或自然变异与人为因素相结合的条件下，暴发或流行对林业造成重大危害和损失的现象或过程。林业生物灾害的管理对象还包括由森林植物生理因素或生长环境中有不适合的物理、化学等因素直接或间接引发的林木病害。

森林生态系统中的生物种群之间具有共生、原始协同、种群竞争和寄生四种关系。生物种群之间的共生和原始协同不会形成灾害，种间竞争和寄生都有可能形成灾害。有害生物对林业生物的危害，有些是进行缓慢的，对林业生物的生长发育只构成一定的危害；有的则是突发性的，可造成严重后果；林业生物灾害一般指突发性和危害性很大的有害生物。

林业生物灾害依其致灾有害生物可分为林木病害、林木虫害、林木鼠兔害、林业有害植物和野生动物疫病五大类；依其有害生物来源可分为外来生物灾害和本土生物灾害两类；依其发生频率可分为长发性、周期性、偶发性三类；依其发生范围可分为广布性、区域性、迁移性三类；按发生危害程度可分为特别重大、重大、较大和一般生物灾害四个等级。

（二）林业生物灾害管理

林业生物灾害管理是一个有效地组织协调可利用的一切资源、应对林业生物灾害事件的过程。应该说，生物灾害管理是随着生物灾害的出现而开始的，也就是说当远古先民开始农业耕作时就有了生物灾害的管理，但是生物灾害管理的概念是近几年才提出的。人们通常采用"防治"一词来表述生物灾害管理的内涵，目前几乎所有的林业生物灾害管理机构的名称都是"×××防治站"。随着害虫综合治理理念的提出，人们在具体病虫害的防治中开始用"治理"取代"防治"，因为过去采取以化学防治为主的策略，"防治"往往有采取单一的措施的含义，而"治理"更注重综合措施，"防治"注重"除治、消灭"，

而"治理"有"管理"的含义。近年来，随着外来有害生物入侵的猖獗，人类和动物疫"防控"的概念在林业生物灾害的管理中被逐步应用。随着生物灾害概念的提出，灾害管理的提法也不断出现。

目前，林业生物灾害管理中"防治""治理""防控""除治""管理"的用词比较混乱。随着把林业有害生物引发的重大灾害纳入国家公共危机管理的深入，应该说"防治""治理""防控""除治"等词都不能准确全面地反映林业生物灾害管理的内容和内涵，而且容易引起混淆和误解，"管理"一词是相对最佳的表达。本文的观点是在林业生物灾害的管理工作中，应把"林业生物灾害管理"作为规范用词。

但是，林业生物灾害的致灾因子种类繁多，类型不同，承载原因不同，灾害发生特点也不同，在具体到某种灾害时全部用管理又不能确切反映灾害管理过程的特点。因此，在不同的情况下，具体到某些类型的灾害的管理时，可采用不同的提法，更能客观、科学地反映某种灾害防治的特点。

二、林业生物灾害的特点分析

生物灾害既是自然灾害，又不同于气象灾害等其他自然灾害。林业生物灾害是"不冒烟的森林火灾"，是林业发展、生态建设的大敌。林业生物灾害致灾因子种类多、种群大，受灾体类型多、分布广，形成的灾害类型复杂，特征差异大，它不仅具有水灾、火灾那样严重的危害性和毁灭性，还具有生物灾害的特殊性和治理上的长期性、艰巨性。除了具有一般自然灾害的共同点外，还具有周期性和突发性、隐蔽性和扩散性、区域性和广域性、自然性和社会性、可防可控性和治理的艰巨性等几对相互对立又相互联系的特点。

（一）周期性和突发性

林业有害生物的种群具有一定的消长周期，其危害性也表现出明显的周期性。由于有害生物的发生发展与其生长环境密切相关，不同的有害生物、同一种有害生物在不同地区其表现的危害周期都不相同，因此，林业有害生物的周期性主要表现在单虫种的区域性上。例如马尾松毛虫，20世纪60年代至80年代，在我国长江中下游地区大发生周期平均为9～13年，在南方地区为5～7年；由于化学防治给松毛虫天敌带来的伤害，再加上全球气候变暖的影响，到了20世纪90年代，我国长江中下游地区部分县（市）松毛虫暴发周期缩短到了5～9年。

同时，许多林业有害生物生命周期短，繁殖率高，可以在很短的时间内形成数量巨大的群体，危害森林，呈暴发态势。

（二）隐蔽性和扩散性

林业有害生物形态多变，害虫一般要经过卵、幼虫、蛹和成虫等不同虫态，病原微生物大多数则通过孢子繁殖，而且大多数林业有害生物个体小，隐蔽发生，甚至于隐藏在林木体内或地下，不易发现，在没有造成巨大危害时，具有危害的隐蔽性。

同时，林业有害生物可以随气流、水流、动物迁徙、人为活动和本身的迁飞等而迁移到另外一个地方，在新的地域定居下来后，危害森林。有些危险性林业有害生物侵入到新的地域后，迅速繁殖，排挤本土生物，造成生态灾难。

（三）区域性和广域性

森林是以自然生产力为主导、受经济生产力影响的产物，森林资源的分布具有明显的区域性，林业有害生物的种类分布因此也具有明显的区域性，再加上林业有害生物生活与危害行为与自然因子密切相关，林业有害生物的生命周期与灾害发生的周期、危害程度就具有强烈的区域性。

同时，由于人类频繁远距离活动，打破了地理区域限制，使一些外来生物远距离传播，形成广域的入侵危害。目前发生危害严重的生物灾害多数都是由外来生物引发的事实就是证明。

（四）自然性和社会性

生物灾害的发生在很大程度上依赖于自然条件，我国地处温带、亚热带和热带三大气候带，幅员辽阔，生物区系复杂，林业有害生物种类多、分布广、危害大。随着全球气候呈变暖趋势，我国西藏无人直接干扰的天然林区从20世纪70年代开始出现病害的流行，造成冷杉林大面积带状死亡。由于林木对气候变化的适应速度远远低于林木的有害生物对气候变化的适应速度，气候的微小变化都可能对森林生态系统的结构和演替过程产生巨大影响，其中生物灾害的流行是重要的自然响应过程，这样的气候为多种生物灾害的大发生创造了条件。长期高温干燥的天气会影响树木的生长发育，使森林生态系统失去平衡，一些耐旱喜阳性的食叶害虫和蛀干害虫，以及次期害虫种群数量迅速增加，危害严重。我国的主要生态工程示范区，特别是西部地区，属于生态脆弱区，森林生态环境恶劣，树木长势弱，极易受到病虫害的侵袭，森林的寄主主导性生物灾害发生普遍。

林业生物灾害发生面积大，损失严重，危害具有社会性。生物灾害的发生不仅造成巨大的经济损失，对生态造成极大的危害，甚至危及人类健康。例如松毛虫毒毛脱落，会引起松毛虫皮炎、松毛虫关节炎，并能引起耳廓炎、结膜炎、巩膜炎、虹膜睫状体炎等并发症。

（五）可防可控性和治理的艰巨性

林业有害生物具有一定的生物学和生态学特性，都有一定的发生发展规律，通过长期监测和研究其生物学和生态学特性，可以建立预测模型，进行灾害预测。根据林业有害

生物的生态学和生物学特性，可以对产生危害的林业有害生物进行人为干扰，将林业生物灾害损失降到经济阈值范围内。林业有害生物一般都有天敌，可以利用天敌实行生物防治，或者通过营林措施，改善林内生态环境，创造有利于天敌而不利于有害生物的生存环境，实现可持续控灾。

林业生物灾害的灾害源种类繁多，包括细菌、真菌、病毒等病原微生物和害虫、害草、害鸟、害鼠等，以病、虫、草、鼠四类为主，我国现有林业有害生物8000余种，其中可造成危害的有200余种，造成严重灾害的有20余种。林业生物灾害受灾体种类多，面积广大，包括分布在全球的森林植物、动物以及苗圃、贮木场等林业生产场所，其涉及范围包括人类所有生存的陆地空间，再加上林业有害生物形态多变，隐蔽发生，治理范围广，难度大。

三、林业生物灾害的管理内容

（一）林业生物灾害的要素

林业生物灾害作为自然灾害的一种，与其他灾害一样，其基本要素包括致灾因子、孕灾环境、承灾体，亦即灾害源、灾害载体和灾害受体三个要素。作为林业灾害之一，它危害的对象主要是以森林生态和林业生产为主，承灾体通过对森林和林木直接作用可影响到生态、经济、社会系统；致灾因子涉及的有害生物种类繁多，特性不同。同时生物灾害和其发生的环境密切相关，是一个复杂的系统。因此，林业生物灾害的管理应该是一个综合管理系统。

（二）林业生物灾害管理的内容

林业生物灾害管理根本目的，就是通过对林业生物灾害进行系统的监测和分析，改善灾害应急管理周期中减灾、准备、响应和重建等方面的措施，尽最大可能通过有效的组织协调，来保障生态安全，并将经济财产损失降到最低。其内容包括灾害发生前的各种计划、物资资金准备等备灾措施，灾害发生后的救灾工作和灾后恢复工作。按照林业生物灾害管理涉及的有关内容和工作性质，林业生物灾害管理的主要内容归纳为九个方面：

1. 组织机构管理

主要包括林业生物灾害管理组织机构的设置、管理层次、管理幅度、人员配置，对各管理层次人员素质的要求，以及制定各项管理制度等。

2. 计划管理

主要包括各项计划的编制、执行、调控和检查分析等。

3.检疫工作的管理

主要包括拟定检疫对象的检疫办法、疫区保护区的划分、产地检疫、调运检疫的程序、无检疫对象种苗基地的建立与管理，对检疫、检验过程、检疫法律法规执行情况的监督、检查等。

4.测报工作管理

主要包括确定测报对象、监测对象，制定测报对象的测报办法、监测对象的监测办法或技术操作规程；组织或参加森林病、虫、鼠情调查；监测、测报对象的调查，预测信息的收集，信息资料的汇总、分析、发布预报等。

5.防治工作管理

主要包括协助各级林业生物灾害管理主管部门拟订防治方案，从事防治工作的组织、协调，负责生产防治作业的监督、执行情况等的检查，防治质量、效果的评定。这里防治是狭义的概念，不包括检疫和测报。

6.资金的管理

主要包括开展林业生物灾害管理活动中所需各项资金的预算编制、申报、审批，资金使用情况的监督、检查。

7.设备物资管理

包括设备物资的日常使用、维护、保养、改造、更新、购置和分配等。

8.档案管理

包括技术情报资料、试验研究报告、方案、数据、论文、文件，以及基本建设、发展方向、业务管理的短、中、长期规划、计划等。

9.日常综合管理

包括两个方面的内容：

①管理机关内部的日常管理：即办公室负责的全部工作，如有关制度的制定，会议、文书、档案、总务、后勤等。

②处在不同管理层次的林业生物灾害管理机关应尽的管理职责：即组织、决策、协调、执行、监督、检查和为规范某项管理活动，必须制定的相应管理制度等。

在上面所涉及的九项内容中，组织、计划、资金、物资、档案和综合管理具有管理工作的共性，也是开展林业生物灾害管理的相关保障内容，而林业生物灾害管理的核心内容是检疫、测报和防治管理。

森林植物检疫是植物检疫工作的一部分，是指根据国家和地方政府颁布的植检法规，由法定的专门机构，对那些在国际间以及在国内各地间流通的应施检疫的森林植物及其产品，在原产地、流通过程中、到达新的种植或使用地点之后，依照植检法规所采取的一系列旨在防止危险性森林病虫害及其他有害生物人为远距离传播和繁殖的措施。检疫御灾就是通过实施风险评估、产地检疫、调运检疫、引种审批监管、检疫行政处罚、林业检疫性有害生物管理等植物检疫的各项措施，达到有效防御有害生物传播扩散的一项融行业管理、行政执法、技术指导和技术服务于一体的工作。加强林业生物灾害检疫御灾工作，建立检疫御灾体系，增强检疫御灾能力，是林业生物灾害"预防为主"方针的具体体现，是实现林业生物灾害风险前移最为重要的环节，是保护一个国家和地区林业生产、森林资源和国土生态和人民生命财产安全，促进经济社会协调发展的重要措施。

森林植物检疫具有三个基本的特征：一是在预防途径上，防止检疫性森林有害生物通过人为活动进行远距离传播；二是在预防方法上以森检法规为依据，带有一定的强制性；三是在预防对象上，主要针对的是检疫性有害生物，是众多有害生物当中的一部分。

有害生物入侵和扩散的途径主要有三个环节：一是有害生物在原产地发生，培育的森林植物及其产品受到感染；二是通过贸易或非贸易性的活动将感染了有害生物的森林植物及其产品运送到原自然分布区以外的地方；三是这种有害生物在森林植物及其产品新的种植地或使用地能经过适应和增殖后立足扎根，酿成灾害。检疫工作的任务就是对这三个环节的任何一环采取措施，打断这个链环，终止有害生物的传播。

监测预报工作的主要内容是实时掌握主要林业有害生物的发生情况和发展趋势，及时做出病虫情分析和发布中、长期趋势预报，为林业生产防治部门和广大林农提供准确的信息，为政府决策提供可靠的科学依据。就是采用科学实用的调查方法，对有害生物开展连续观测、调查，并将其调查的现时资料、历史资料与有害生物自身的生物生态学习性和影响其种群数量变动的生态环境因素（如林分因子、经营水平、天敌状况及气象条件等）进行综合分析，经比较、判断，对有害生物种群未来发生发展趋势做出准确的预测，并将预测的结果通过各种渠道、媒体及时地报告和发布出去。

防治救灾是指利用多种防治措施控制林业生物灾害，避免或降低灾害损失的一系列活动。包括灾害发生前采取的生物防治等预防性防治措施，灾害发生中采取的药剂防治、物理防治、生物防治和人工防治等除治措施，灾害发生后采取的政府补助、保险赔付、慈善捐助、林农互助等损失救助措施，以及为实施灾前、灾中、灾后各种措施而采取的管理行为。

（三）林业生物灾害管理的特点

生物灾害管理，必须根据有害生物生物学、生态学特性和不同生物灾害的特点，进行科学管理，生物灾害管理工作具有以下特点：

1.科学性

生物灾害的管理，必须遵从自然规律和社会规律，按照有害生物生物学、生态学特性和生物灾害的特点，因地因时制宜，因害施策；按照生态健康原理，对不健康生态系统或亚健康生态系统进行合理调控，恢复并维持生态系统健康。

2.系统性

有害生物不仅侵害生态系统，同时还危害人类社会系统。因此，要进行高效的生物灾害管理，就必须运用系统科学技术和管理科学技术，进行科学管理，实现生物灾害可持续控制。

3.社会性

生物灾害的管理不仅仅是针对生态系统，还涉及社会系统的方方面面，生物灾害管理活动必须融入全社会发展中去，与经济建设紧密结合，使生物灾害管理活动公共化、社会化。

4.时间性

有害生物的发生发展具有明显的时间性，生物灾害管理活动必须针对这一时间约束，做出快速反应，才能实现生物灾害有效防控。

5.政策性

一方面生物灾害管理活动必须严格按照国家有关政策、法律开展管理活动；另一方面，为了使生物灾害管理活动规范化，就必须制定相关的生物灾害管理法律法规、技术规范、防治标准，使林业生物灾害管理规范化、高效化。

6.目标性

生物灾害管理活动，必须达到实现生态健康这一目标，以保护社会发展成果，维护生态健康和国家经济安全。

7.计划性

对生物灾害的管理活动，按照不同的阶段目标，制订严密的管理计划，才能有效调配人、财、物，使管理活动有序进行。

8.层次性

在生物灾害管理活动中，国家、省、市、县乃至社会个体，其所处层次不同，管理范围不同，生物灾害发生情况不尽相同，其管理内容也不相同，具有明显的层次性。

第二节 林业有害生物种类及成因

一、我国主要林业有害生物种类

林业生物灾害是由林业有害生物造成的。所谓的有害生物只是对人类而言的，自然界本无有害无害。许多生态学家都不承认有害生物的存在，他们认为在一个由多个生物种群组成的生态系统中，各种生物的存在都是合理的，在生物进化的过程中形成了稳定的、相互有一定联系的系统，因此对自然界而言并没有有益和有害的生物，所谓有害生物是指对人类的利益造成危害的生物。引发灾害的真菌、昆虫、细菌、病毒、线虫、螨类、软体动物、鼠、鸟、兽类和寄生植物及杂草等生物都是地球生物系统中的庞大种群，在自然界广泛分布。比如，地球上栖居的真菌保守估计在150万种，目前已描述的约有10万种，在淡水、海水、土壤以及地面的各种物体上都有真菌的存在；昆虫是动物界中包括物种最多的一个类群，已命名的昆虫约有100万种，占地球所有动物种数的2/3，约占全球已知生物多样性的一半，昆虫的分布遍及地球的各个角落，从赤道到两极，从海洋、湖泊、河流到沙漠，从高山之巅到深层土壤，都有昆虫的栖息。由此可见，有害生物只是这些类群中的一部分，在我国已有分布的8200余种林业有害生物中，害虫5020种，病原物2918种，害鼠兔160种，有害植物149种。

（一）外来林业有害生物

所谓外来林业有害生物是对于某一国家或地区而言的，包括林木病害、虫害、有害植物和有害动物。外来林业有害生物入境定居后传播非常迅速，不断地扩展蔓延。松材线虫病自1982年在我国南京发现以来，已经扩展到江苏、浙江、安徽、福建、广东等14个省（直辖市），对我国南方大面积松林构成严重威胁；美国白蛾目前已扩展到北京、天津、河北、辽宁、山东、陕西，发生面积剧增；椰心叶甲在海南疫情有所扩散；松突圆蚧在广东、福建等地发生，广西发生趋于严重，江西赣州发现了新的疫情；日本松干蚧在吉林不断突破原有分布区；红脂大小蠹目前已经在河北、山西、河南、陕西发生危害，北京和内蒙古发现了新的疫点；紫茎泽兰在广西等西南地区侵占林地；薇甘菊在广东直接造成林木死亡；双钩异翅长蠹在海南、广东、广西、云南、贵州、上海的部分地区有发生，既可危害活立木，又可危害林木制品，在海南主要危害橡胶木、竹木、藤料等，对以生产橡胶木制品的产业影响很大。总体上，外来有害生物发生呈蔓延态势，部分种类危害猖獗。

（二）本土主要林业有害生物

本土林业有害生物属于一个大的类群，包括虫害、病害、有害植物和其他有害动物。我国本土主要林业有害生物种类248种，其中发生面积超过6.67万 hm^2 的有37类。由于我国各省（自治区、直辖市）的气候条件不同，因而各地本土林业有害生物的种类也不同，这是长期自然选择的结果。从总体来看，本土主要林业有害生物的分布区域进一步扩大，但发生规模逐渐趋于稳定，局部地区危害成灾。

二、林业生物灾害成因分析

昆虫、病原物和动物取食或侵染树木是一种客观的自然现象，在稳定的生态条件下，它们不会对森林造成重大的经济损失，也不需要加以人为控制。当森林长期遭受各种人为因素（乱砍滥伐、营造大面积人工纯林、大量施用化学农药等）和自然因素（气候条件、林火）的严重干扰时，森林生态系统失去平衡，森林衰弱，为害虫、病原物和鼠类的过度繁衍创造了条件，当害虫、病原物和鼠类的危害达到一定经济、生态阈值，对林业造成了严重的影响时，即称为林业生物灾害。

（一）自然致灾因素

①气候：恶劣的气候条件（干旱、干燥多风、雷电等）是造成林业生境和立地条件差的关键，也是林业灾害主要的自然致灾因素。

②地形和地貌：复杂的地貌和起伏较大的地形，使林业灾害防治困难加大，构成了林业灾害次要的自然致灾因素。

③凋落物：林内立枯凋落物是林木病虫害的载体，也是森林燃烧的物质基础，直接影响林业灾害。

（二）人类活动对灾害的影响

①生产和生活：长期以来，由于人们对林业灾害的认识不足，人类的生产和生活使林木生物灾害得以传播并提供了森林火灾的火源；不合理的和掠夺式的生产经营加速并加重了林业灾害。

②林业生态工程：国家实施西部大开发战略以来，宁夏的林业生态建设快速发展，森林面积大幅度增加，尤其是天然林保护工程和退耕还林工程的实施，使林内立枯凋落物和杂草急剧增多，林业灾害的隐患加重。

③管理和设施：宁夏由于地方经济和文化落后，对林业灾害防治投入的资金严重不足，致使林业灾害防治的科技支撑薄弱，设备、设施陈旧，管理粗放，加大了对林业灾害的防治难度。

第三节 林业生物灾害的分类与分级管理

一、林业有害生物的分类管理

（一）林业有害生物的危险性分类

目前对林业有害生物危险性的相关研究，主要是以森林植物检疫为目的，通过对有害生物的风险分析来确定是否列为检疫对象，以及采取哪一个级别的官方管理，而像人类传染病和动物疫病那样采取分类管理、从预防和除治的角度进行综合管理方面进行林业生物灾害研究的报道很少，目前我国也没有对主要林业要害生物根据其危险性制定相关的管理政策和制度。

2005年，国家林业局森防总站组织专家针对全国林业有害生物普查中掌握的主要林业有害生物信息，根据其发生危害现状、扩散蔓延及危害趋势、寄主植物的重要性、防控难度等研究制定了针对主要林业有害生物的危险性评价指标和赋分标准，并提出了根据赋分值划分为四个危险性级别的分类标准，即一类林业有害生物（90分以上，为高度危险的林业有害生物）；二类林业有害生物（70～89分，为较高危险的林业有害生物）；三类林业有害生物（55～69分，为中度危险的林业有害生物）；四类林业有害生物（55分以下，为一般危险的林业有害生物）。

（二）林业有害生物的分类管理策略

根据上文我国主要林业有害生物分类结果，结合我国林业生物灾害管理的现状，参考人类传染病和动物疫病的管理策略，本书提出以林业有害生物的危险性分类为基础，针对不同类别的有害生物实行不同管理政策和防治策略。一类高度危险的林业有害生物应该主要以国家管理为主，实行工程治理等有效的管理措施，抓好预防和除治；二类较高危险的林业有害生物应以省级管理为主，中央根据灾害发生的情况给予技术指导和经费补助；三类中度危险的林业有害生物应以市级管理为主；四类一般危险的林业有害生物应以县级管理为主。

1.一类林业有害生物的管理

一类林业有害生物，主要是高度危险的外来有害生物，应纳入国家级重点林业生物灾害管理的范畴，纳入国家级工程治理项目管理。对新入侵的该类有害生物要及时封锁疫点，采取有力措施力争根除疫情；对已发生多年的该类有害生物，国家每年要下达指令性防治任务，严密封锁疫情，严格监测，加大除治力度，坚决遏制危险性有害生物的扩散蔓延。

在管理策略上要采取严格检疫监管措施为主的全面根除策略。比如，以松材线虫病为例，选择的防控对策是：要按照"控制、压缩、根除"的阶段目标和"先封锁后除治，先拔点后压缩，先外围后中心，先重点后全面"的防治思路进行全面防治；防治中要坚持预防和除治统筹兼顾，强化政府行为，增加资金投入，做好未发生区的监测预防工作，重点做好重要风景名胜区、重点生态区和重要政治文化地的预防工作，要每年开展一级有害生物的专项调查，建立专群结合的监测队伍，不留死角地开展监测工作，及时发现，及时根除；加大检疫执法力度，严防一级有害生物随寄主植物及其产品进行传播，有效遏制一级有害生物传播扩散势头；加大发生区的防治力度，分阶段、分重点、分区域地拔除疫点，特点是一些新发疫点、孤立疫点和危险性大、区域位置显要的疫点应优先拔除，严防疫情向外扩散，逐年压缩发生面积，减少灾害损失，最终彻底根除灾情。

（1）划分区域

根据一类林业有害生物的传播规律、所处的自然环境和生态系统的重要性、发生分布情况、适生范围、寄主情况、发生历史等因素，划分为疫情发生区、预防区和重点预防区，实行分区指导，分类施策。

（2）分区施策

一类林业有害生物管理应针对疫情发生区、预防区和重点预防区的不同特点选择分区对策。

①疫情发生区：第一，加强检疫封锁，将一类有害生物作为全国检疫性有害生物进行检疫监管；同时加强一类有害生物的源头检疫管理，严格控制疫情发生区内寄主植物及其产品的外运；运出疫情发生区的松木及其制品，必须经严格除害处理后按照相关规定进行调运，严防一类有害生物的传播扩散；加强调运检疫和检疫执法工作，加大复检力度，严厉查处和打击违法违规调运携带一类有害生物寄主植物及其产品的现象。第二，开展全面防治，新发疫点应做到当年发现，当年消灭疫情。老疫情发生区应按照"控制、压缩、根除"的防治思路，积极采用生物、化学、物理、营林等综合防治措施开展防治，减少灾害损失，控制疫情，压缩发生区域，根除发生疫点。第三，加强监测预防，对已基本根除的疫情发生区应进行巩固和监控，定期开展调查，严防疫情的再次发生；对发生地周边未发生林分开展监测，及时发现，及时防治。第四，建立和完善疫区公布与撤销制度。一类有害生物一经发现，应及时划为疫区并加以公布；在根除疫情后应及时公布撤销疫区。

②预防区：第一，全面开展检疫检查工作，特别是加强调入一类有害生物寄主植物及其产品的复检工作，严防一类有害生物的传入。第二，全面开展疫情普查工作，重点对发生区边缘地带、交通沿线、风景区、物流频繁地段等进行调查、重点检查，发生疑似应及时取样鉴定，做到及时发生，及时防治，及时根除。采取营造抗虫树种、清理衰弱和死亡木、保持林地卫生等营林措施，及时消除一类有害生物发生隐患。

③重点预防区：在上述预防区采取对策的基础上，要更加严格地开展检疫封锁，建立严密的检疫防线，更加严格地限制寄主植物及其制品的进入；同时要不间断地全面实施疫情监测工作，一旦发生，及时根除。同时，要尽可能地改善区域内林分结构，营造抗性树种，提高林分抗性。

2.二类林业有害生物的管理

二类林业有害生物，以全国林业检疫性有害生物和对森林生态造成巨大威胁的本土林业有害生物为主，应作为省级林业生物灾害管理的重点，纳入省级工程治理项目管理，同时纳入国家重点扶持的对象管理。

在管理策略上主要采取生物防治为主的综合防治策略。采取分类对待、分区施策、重点治理、全面控制的防治思路，以检疫措施为控制传播扩散手段，以监测预报为预防基础，以生物防治为主导，以人工防治、物理防治、化学防治和营林措施为辅助，大幅降低二类有害生物的种群密度，逐步压缩发生范围，并将其造成的经济和生态损失减少到最小，达到不成灾、不扩散，且可大范围、长期有效控制的水平。针对二类有害生物中潜在危害性大的有害生物，应以根除为目标。

（1）检疫控制措施

根据二类有害生物在发生情况、危害程度、寄主的经济重要性、潜在危害性大小、控制难度的不同，可由国家或省（自治区、直辖市）人民政府划定并公布疫区，并作为全国检疫性有害生物、补充检疫性有害生物或危险性有害生物实施不同级别的检疫监管。

全面开展检疫检查工作。一是扩大产地检疫的覆盖面，加强二类有害生物的源头管理，特别是对种苗及其繁殖材料的监管。二是加大调运检疫的力度，严防二类有害生物的传播扩散。调运检疫要严格按照规范规程进行现场检疫，避免只开证不检疫的现象，同时加强复检工作，要根据检疫证书网络传输系统的信息，对调入本地的二类有害生物寄主植物及其产品应主动上门复检。三是做好检疫除害处理工作，在检疫过程中一旦发生疫情，必须就地进行除害处理。四是加强检疫执法工作，对违法违规调运携带二类有害生物的应严肃处理。

（2）监测预防措施

一是要做好二类有害生物的风险评估工作。重点是对可能传入的二类有害生物风险进行评估，全面评价其对本地区的危险性，有的放矢地做好预防和应急处置的准备工作。二是做好二类有害生物的普查工作。定期开展二类有害生物的普查工作，全面掌握了解二类有害生物在本地区的发生、发展情况。三是抓好疫情监测。监测要点面结合、专群结合，要提高敏感性，对易入侵区域要重点监测，一旦发现异常情况要及时报告、及时查明原因、及时开展防治。

（3）防治减灾措施

二类有害生物的防治应分区施策。按照二类有害生物的发生危害情况，可将二类有害生物发生分布区域分为常发区、偶发区和未发区。

①常发区：防治时要因地制宜地实施综合治理，做到治理一片，巩固一片。要从发生区外围由外向内实施防治，逐步向内压缩。应采取以生物药剂和无公害的药剂为主，以化学、人工、物理、营林防治为辅的综合防治措施，全面降低有害生物的种群数量，最终将有害生物控制在经济损失允许范围内或达到根除有害生物的目标。

②偶发区：指新传入或零星发生的地区，发生面积很小，有的甚至仅是小范围的孤立发生区，针对这些地区应以拔点除源、治点保面为主，应加大防治力度，以彻底消灭有害生物为目标。在消灭有害生物灾情后，应将该地区作为重点监控区进行重点监测和预防。

③未发区：指未发生或以前有零星发生但经防治目前没有发生的地区，采取以监测为主、定期调查、及时发现、及时防治的措施。

3.三类林业有害生物的管理

三类林业有害生物，以省级补充林业检疫性有害生物和发生面积较大的本土林业有害生物为主，应以市级管理为主。各地应根据具体情况增列为补充检疫性有害生物或主要治理对象，选择以生态调控为主的综合治理措施，切实减轻危害，减少损失，实现对常发性有害生物的可持续控灾。

对三类有害生物应采取生态调控为主的综合治理策略。以可持续治理理论为指导，通过全面实施包括检疫措施、监测预报、生物防治、人工防治、物理防治、营林措施和化学防治等在内的多种防治措施，将三类有害生物控制在经济损失允许范围内，达到不暴发、不成灾的水平。

（1）检疫控制措施

以省级检疫管理为主，开展有害生物的产地检疫、调运检疫和除害处理工作，防止有害生物的传播扩散。

（2）监测预防措施

根据地理状况、气候变化和有害生物的发生特点，做好监测预防工作，防止有害生物的暴发和成灾。对一些属于外来有害生物或潜在危害性较大的有害生物要开展重点监测，防止其随时间的推移和生境的变化危害性增强，造成生态的破坏和大的经济损失。

（3）防治控灾措施

对有害生物种群密度高或已成灾的地区，应采取生物防治、人工防治、物理防治和化学防治等在内的综合治理措施，全面开展防治工作，降低有害生物的种群密度，消除成灾隐患，减少灾害损失。

4.四类林业有害生物的管理

四类林业有害生物，是上述三类以外的主要林业有害生物，重点是那些潜在危险性和突发性的林业有害生物，主要以县级管理为主。

四类林业有害生物的管理策略主要是采取监测为主的预防策略。防治中以森林健康理论为指导，以监测预报为基础，以营林措施为主，辅以检疫措施和防治措施，在人为调控下提高林分自我抵御生物灾害的能力和培养健康林分，将有害生物调控在低种群密度水平，确保有害生物不暴发、不成灾。

（1）检疫控制措施

以省级检疫管理为主，对四类有害生物中潜在危害发生较大、寄主植物经济价值高的有害生物应实施产地检疫、调运检疫和除害处理工作，防止有害生物传播扩散造成危害。

（2）监测预防措施

根据该级有害生物的发生特点以及地理状况、气候变化等因素，做好年度动态监测预防工作，防止有害生物的暴发和成灾。对一些潜在危害性较大的四类有害生物应开展重点监测，防止其造成危害。

（3）防治控灾措施

对有害生物种群密度高或已造成危害的地区，应及时采取生物防治、人工防治、物理防治和化学防治等在内的综合调控措施，将有害生物种群密度调控到安全范围内，消除成灾隐患。在对局部灾情较重林分进行重点防治的基础上，从总体上还是应该以营林措施调控为主。一是在营林时，严把种苗质量关，坚持"适地适树"原则，大力推广乡土树种、抗病虫品种，积极提倡营造不同树种、不同林龄的混交林和异龄林；二是加强抚育管理，要适度、适时地开展抚育间伐，及时清理病死木、濒死木和衰弱木，防止产生新的传染源；三是开展林分改造，适时补植，恢复林相，改善林分结构，优化林分生境，提高林分抗性，增加林分生物多样性。

二、林业生物灾害事件的分级管理

林业生物灾害的风险是由风险因素、风险事件和损失构成，风险因素可能引发风险事件，风险事件则可能导致损失。林业有害生物的危险性是决定林业生物灾害风险的最重要的因素，也是引发生物灾害事件的必要条件，这也是为什么要根据林业有害生物危险性进行分类管理的原因。尽管风险事件是损失的必要条件，但并不是充分条件，如果措施得当，处置得力就会减少灾害可能造成的损失。即风险因素并不一定引起风险事件，风险事件未必导致灾害损失。林业生物灾害风险事件管理除了针对有害生物危险性的常规性分类管理外，还有一个重要内容是应对突发的林业生物灾害事件。因为已经发生的林业生物灾害事件能够对其致灾因素和受灾体以及环境因素有足够的了解，对发生事件风险性应该是比较容易了解的，按照上节提到的有害生物分类管理对策，采取相应措施就可以得到有效控制。突发林业生物灾害事件是指突然发生，造成或者可能造成严重生态、社会、经济危害，需要采取应急处置措施予以应对的林业生物灾害事件。由于突发林业生物灾害事件的突发性和对生态、社会和经济潜在的危害性，因此对突发林业生物灾害的防治措施应有别于已发生多年或常发的生物灾害。探讨突发林业生物灾害防治措施是研究林业生物灾害管理对策的重要内容，也是当前林业生物管理比较薄弱的环节。本节重点从突发林业生物灾害的分级标准、响应机制两个方面来分析突发林业生物灾害事件的分级管理。

（一）林业生物灾害事件的分级标准

应急防控是针对突发危机事件而言。突发重大的林业生物灾害应纳入国家公共危机事件管理范畴。国内外对公共危机事件和自然灾害的分级管理，一般都是按照灾害对社会危害程度、影响范围等因素分为特别重大、重大、较大和一般四级，即Ⅰ级（特别重大）、Ⅱ级（重大）、Ⅲ级（较大）和Ⅳ级（一般）四级，并按照灾害发生的紧急程度、发展态势和可能造成的危害程度分别启动一级（红色）、二级（橙色）、三级（黄色）和四级（蓝色）预警响应。

2006年国务院颁发的《国家特别重大、重大突发公共事件分级标准（试行）》对特别重大和重大生物灾害的分级标准是：

1.特别重大生物灾害

①在2个以上省（自治区、直辖市）病、虫、鼠、草等有害生物暴发流行；

②新传入我国的有害生物在2个以上省（自治区、直辖市）内发生；

③在1个省（自治区、直辖市）内2个以上市（地）发生，对农业和林业造成巨大危害的生物灾害。

2.重大生物灾害

①因蝗虫、稻飞虱、水稻螟虫、小麦条锈病、草地螟、草原毛虫、松毛虫、杨树食叶害虫和蛀干类害虫等大面积成灾并造成严重经济损失的生物灾害；

②新传入我国的有害生物发生、流行，对农业和林业生产等造成严重威胁的生物灾害。

参照国家特别重大、重大突发公共事件分级标准、国家自然灾害应急救助分级标准和已有的林业生物灾害两级分级标准，提出林业生物灾害应急处置的四级分级标准，并对相关分级指标进行界定。

由于国家林业局《突发林业有害生物事件处置办法》和《国家特别重大、重大突发公共事件分级标准（试行）》已明确了Ⅰ级和Ⅱ级的标准，综合这两个标准中的分级指标，并结合林业生物灾害的发生特点，可对林业生物灾害事件的Ⅰ级和Ⅱ级分级指标做出初步界定：

Ⅰ级林业有害生物事件包括：

①林业有害生物直接危及人类健康；

②从国（境）外新传入的林业有害生物在2个以上省（自治区、直辖市）内发生；

③首次在省（自治区、直辖市）范围内发生林业检疫性有害生物疫情；

④在2个以上省（自治区、直辖市）大面积暴发流行的林业生物灾害。

Ⅱ级林业生物有害事件包括：

①从国（境）外新传入的林业有害生物在省（自治区、直辖市）内发生；

②林业非检疫性有害生物导致叶部受害连片成灾面积1万hm^2以上；

③枝干受害连片成灾面积1万hm^2以上；检疫性有害生物在已发生区连片成灾0.1万hm^2以上。

Ⅲ级林业生物有害事件，可根据Ⅳ级和Ⅱ级的分级标准来确定。参考森林火灾和其他有关自然灾害的分级标准，一般都按照整数数量级别来划分的方法，可把Ⅲ级林业生物有害事件的成灾面积分级指标划定为1000～10000hm^2，Ⅳ级在50～1000hm^2，并根据《林业生物灾害发生及成灾标准》和《突发林业有害生物事件处置办法》的统计标准，把林木枝干受害面积和已发生区的检疫性有害生物成灾面积按叶部成灾面积降低10个百分点的计算方法。

Ⅳ级林业生物有害事件，即最低一级的确定，可根据国家林业局《森林病虫害预测预报管理办法》中"当预报的某种病虫害近期将暴发面积在50hm^2以上时，应及时报告县级林业行政主管部门，由县级林业行政主管部门发布警报"的规定，把面积达到50hm^2确定为Ⅳ级的起点指标，即发生面积超过50hm^2由县级应急响应；而发生面积在50hm^2以下仅视为一般灾情，不作为突发灾害事件对待。

根据Ⅱ级、Ⅲ级和Ⅳ级的发生面积分级指标，可把Ⅰ级中"大面积暴发流行的林业生物灾害"确定为"林业非检疫性有害生物导致叶部受害连片成灾面积10万hm^2以上、枝干受害连片成灾面积1万hm^2以上、检疫性有害生物在已发生区连片成灾0.1万hm^2以上"。

（二）林业生物灾害事件的应急响应机制

应急救灾一般应分为应急准备、初级反应、扩大应急和恢复重建等四个阶段，应急响应机制与应急救灾活动密切相关。应急响应机制主要由统一指挥、分级响应、属地为主和公众动员等四个基本机制组成。统一指挥是应急处置的最基本原则，应急指挥一般可分为集中指挥与现场指挥，或场外指挥与场内指挥等多种形式，但无论采用哪一种指挥系统都必须实行统一指挥的模式，无论应急处置涉及单位的行政级别高低和隶属关系不同，但都必须在应急指挥部的统一组织协调下行动，有令则行，有禁则止，统一号令，步调一致；分级响应是指在初级响应到扩大应急的过程中实行分级响应的机制；属地为主是强调"第一反应"的思想和以现场应急、现场指挥为主的原则；公众动员机制是应急机制的基础，也是整个应急体系的基础。

突发林业生物灾害应急处置机制，按照分级管理的原则，应分别由国家、省、市、县启动四级应急预案，分级管理组织响应，即Ⅰ级林业生物灾害启动国家应急预案，Ⅱ级林业生物灾害启动省级应急预案，Ⅲ级林业生物灾害启动市级应急预案，Ⅳ级林业生物灾害启动县级应急预案。

第四节 林业生物灾害管理的对策

一、转变森林经营观念，提高林业生物灾害认识水平

这里说的转变观念、提高认识主要包括各级政府部门、林业内部各部门以及国民经济各部门以及社会公众，尤其是广大林农的认识的三个层面。

（一）转变森林经营和灾害管理的观念

各级政府部门应切实地认识到良好的生态环境是社会经济可持续发展的基础，而对林业生物灾害的防治是保护森林资源、促进生态环境建设的重要内容，并将这个观念在日常的工作中和规划中体现出来，不能停留在纸面上和口头上。切实认识到林业生物灾害的危害以及其生态影响的后果，树立生态价值观，把林业生物灾害的防治提高到保护生态安全、建设生态屏障、减轻危害、促进社会经济可持续发展的高度来认识。需要强调的是，林业生物灾害不仅具有其他灾害如火灾、地震等的危害性，还具有长期性、复杂性的特点，林业生物灾害可以使数十年的林业建设成果毁于一旦，并对未来的环境产生重大影响，切实认识到防治林业生物灾害就是降低损失、建设美好的发展环境的重要举措。做好林业生物灾害的防治工作不仅可以保护森林资源，还可以促进社会经济的可持续发展，实现生态文明。各级政府切实地把林业生物灾害的防治工作列入工作计划和议事日程，纳入领导任期责任制，切实加强领导和组织。把意识和观念的转变切实体现在以下工作中：

第一，转变林业经营的思路和管理模式。进一步清晰地界定林业的功能、明确林业的定位并在实践中和森林经营中贯彻体现。进入20世纪90年代，森林在生态环境建设中的主体地位以及在可持续发展中的关键地位越来越受到关注，保护和发展森林资源、改善

生态环境、维护森林健康已经成为国家对林业的主导需求。林业应进行重新定位、把林业定位为生态环境建设的主体，定位为从事维护国土生态安全，促进社会经济可持续发展，向社会提供森林生态服务的行业。在新的定位下，林业将承担培育、管护和发展森林资源，保护生物多样性、森林景观、森林文化遗产和提供多种森林产品的根本任务，肩负优化生态环境、促进经济发展的双重使命。这也就要求对林业经营模式和管理模式进行相应的转变。在林业生产上遵循森林发生发展的规律，对林业生产的组织安排、对自然生长过程的干预要重新认识和思考，改变过去的森林经营模式，改变人们经营森林、干预自然的模式和方式，依托先进的林业经营理念，培养结构完整、功能完全的森林。

第二，转变林业生物灾害的管理模式。一是要实现由林业有害生物治理到林业生物灾害管理的转变。从保护森林资源和维护生态安全的角度，贯彻"预防为主"的方针，依靠科技进步，加大投入，对林业生物灾害的致灾环境、有害生物以及受灾的森林资源等进行综合管理，不仅仅局限于林业生物灾害的治理，正确把握灾害链及致灾因素之间的因果关系，维护森林健康，彻底改变头痛医头、脚痛医脚的局面。二是要实现林业部门的林业生物灾害管理向公共管理转变。林业生物灾害涉及全社会的生态安全，社会经济各部门和社会公众的行为都能对林业生物灾害的发生、发展产生影响，仅仅林业部门进行管理管不了也管不好，只能进行事后的灾害治理。既然森林是公共产品，有着巨大的外部性，应该有灾前的全民教育和参与预防的意识和救治的社会化，至于技术性和专业性很强的监测、检疫等可以专业式管理。三是要实现林业生物灾害管理由危机管理向风险管理转变。系统地评估各种林业生物灾害的风险，合理决策，充分考虑各种损失和成本费用，分析各种防治方案的经济性，对可能出现的各种风险提出对策，降低林业生物灾害的风险和灾害的损失以及防治费用。

第三，关于林业生物灾害防治意识的转变还具体体现在相关的制度建设上。根据《中华人民共和国环境保护法》《森林病虫害防治条例》《突发林业有害生物事件处置办法》《植物检疫条例》等已有的法律法规，各级政府制定相关的实施细则和实施办法，以弥补现行法律在林业生物灾害管理中的不足，协调各部门行为，以保证林业生物灾害控制的系统和连贯性，落实责任制度，制定政府目标管理制度和考核制度，建立林业生物灾害防治的制度体系。

第四，观念的转变还体现在加强林业生物灾害防治的基础研究上。加大对相关科研的重视和投入。林业生物灾害的预防和治理需要多学科多专业的知识，需要全面系统的精心研究，不断探索新的途径和方法。需要开展森林昆虫学、森林病理学、森林生态学、林木化学、生物防治等基础研究，需要林木检疫、生物防治等硬技术研究，也需要进行预测预报、防治体系、技术指标、效益评估等软技术研究，还需要开展林业经济学、林业系统工程学、社会学等管理方面的研究。而这些研究需要大量的经费投入，需要长时间持续的努力，这就需要政府在相关研究上给予不断的支持。开展林业有害生物的性状研究，掌握发生规律分析趋势。并根据林业生物灾害防治与生物多样性保护和环境保护的需要，开展关于林业生物灾害防治战略、气候环境变化对有害生物的影响等基础性研究，解决监测预报、快速检疫、天敌繁育、有害生物评估、无公害防治等技术难题。

第五，政府部门的观念转变还体现在加强林业生物灾害预防体系的建设和投资上，这一点将在后文详细论述。

（二）转变国民经济各部门的管理理念

这里面也包括两个层面的观念转变，一个层面上是林业部门的观念转变，一个是林业部门以外的国民经济的其他部门的观念转变。对于林业部门就是要切实认识到林业生物灾害防治是一个系统工程，重在预防，切实从林业的各个环节开始重视林业生物灾害的防治工作，林业生物灾害防治不仅仅是森防部门的事情，从育苗、造林、森林培育等开始贯穿林业建设的过程。对于其他部门就是切实认识到林业生物灾害防治不仅仅是林业部门的事情，自己的行为也会对有害生物的传播、对林业生物灾害的发生发展产生重要的影响，积极参与和注重林业生物灾害的预防。部门的观念转变可以体现在部门之间关于林业生物灾害的协调以及对林业生物灾害的技术防治上。

林业部门的观念转变除了体现在加强预防体系建设上以外，还突出体现在树立技术防治的观念。林业生物灾害防治不仅仅是森防部门的事情，要贯穿林业建设的始终，林业内部各部门的工作都能对林业生物灾害产生重要影响。建立林业内部各部门通力合作、积极参与、互联互动、协调配合的工作机制，共同做好生物灾害防治工作。林业建设切实把建设完备的生态体系放在第一位，正确处理好林业的短期经济利益和长期的生态社会效益的关系，维护森林生态系统的稳定性，在林业生产过程中进行林业生物灾害的技术防治，提高其抵抗生物灾害的能力。

（三）提高广大群众的认识

主要是加大宣传力度，培养生态意识，树立生态文明的观念。首先要加大宣传和教育，让群众意识到对林业生物灾害防治是关系国计民生和切身利益的大事。大力宣传森林的环境价值和对社会经济发展的保障作用，树立生态文明的观念。认识到林业生物灾害的防治是建设生态文明的重要内容。采取多种形式，利用广播、电视、报纸等宣传媒体，采取宣传月、科技下乡、知识竞赛等多种形式，广泛宣传林业生物灾害灾前控制的重要性，大力宣传《森林病虫害防治条例》《森林病虫害预测预报管理办法》及《植物检疫条例》，提高群众安全意识和减灾意识，宣传"预防为主，科学防控，依法治理，促进健康"的方针，提高全社会对林业生物灾害防治工作重要性的认识，增强全民的防灾、减灾意识，增强做好林业生物灾害防治工作的紧迫感和责任感，自觉制约致灾行为的发生。其次是加强法制观念。宣传有关林业生物灾害的法规条例，增强人们的法制观念，促使人们对林业生物灾害防治及其检疫等工作给予理解和支持；同时大力宣传"谁经营，谁防治"的责任制度，强化全民林业生物灾害防治意识和责任，树立群众的法制观念和法律意识，综合运用多种手段，规范人们的行为，使群众主动地参与和配合林业生物灾害的预防和救灾、减灾工作。促进民间组织等社会力量参与林业生物灾害防治工作，壮大林业生物灾害防治队伍，增加林业生物灾害防治力量。

二、加强检疫监测，完善预防体系

我国在林业生物灾害防治中存在重治轻防的现象，完善我国的林业生物灾害的防治体系，必须切实在预防体系建设上加大投入力度，建设完善的林业生物灾害的监测体系、检疫体系和防灾减灾体系。

（一）加强测报体系建设

林业生物灾害的预防体系建设首先在于监测预报体系建设。分层次、分级地建设、完善林业生物灾害的预测预报体系，监测林业有害生物的动态。完善国家级、省级、市县级，以及乡镇村级的监测预报部门和机构，重点加强县以下测报机构监测预报基础设施和能力的建设，配备专职人员，添置设备，完善监测预报的手段和措施，形成以国家级测报中心为龙头，以省级和县市及测报中心为枢纽的测报网络。乡镇村级的测报机构、测报站点主要进行地面数据采集，对有害生物进行实地监测，向上级传输数据。国家级和省级测报机构负责数据汇集，并结合应用卫星图片、航空遥感、远程监控等技术，对数据进行处理以及发布监测预警信息，县市级机构为枢纽，进行数据初步汇总、处理，上传下达，负责具体指导、管理乡镇村级的测报站点的工作，努力使基层测报站点达到仪器设备现代化、技术先进、管理科学规范，具备满足林业生物灾害防治工作需要的监测和测报能力。整个测报网络要能够实现林业有害生物监测数据的立体采集、网络传输、自动处理、智能预报和科学决策。通过长期对林业有害生物的一般调查和系统观测，不断积累基础资料，建立起林业生物灾害的数据库，能全面、及时、准确地掌握森林病虫害发生动态和发展趋势，为防治提供依据。

林业生物灾害监测预报体系不仅要能够及时掌握全国的林业生物灾害发生情况、发展动态，能够进行区域性短期预报或预警，同时还要能够结合林木资源状况、气候气象条件等相关资料，进行全国以及区域性的主要林业生物灾害的长期预报。建立林业有害生物风险评估机制，在加强境外林业有害生物监测和情报搜集的同时，将定期国内疫情普查和连续、持续的监测相结合，查清林业有害生物的分布和危害情况，开展林业有害生物风险分析，为各级林业主管部门进行林业生物灾害管理的决策提供科学依据。

（二）加强检疫体系建设

林业植物检疫工作就是阻止外来林业有害生物的入侵和国内林业有害生物的异地传播的重要手段，是避免林业生物灾害严重发生的关键措施。林业有害生物的检疫体系建设，就是要分层次建立和完善国家、省、市、县以及乡镇、村多级林业有害生物检疫网络，完善基础设施，通过检疫隔离试种苗圃、检疫检查站、区域性检疫除害设施等功能性设施的建设，从引种试种、检疫检验、除害处理等环节有效防范危险性有害生物的异地传播。加强林业有害生物检疫体系建设主要从以下几个方面进行。

首先，严格检疫执法，阻止境外林业有害生物入侵。加强《中华人民共和国森林法》《森林病虫害防治条例》和《植物检疫条例》等法律法规和林业植物检疫工作重要性的宣传，增强法制观念，促使社会对检疫工作理解和支持。落实各项检疫法规，完善引种检疫审批监管制度，通过检疫，严格阻止境外有害生物入侵。成立独立专门机构，固定专职人员，在严格口岸检疫和苗木产地检疫的同时，建立规范管理、隔离的引种试种苗圃，规定从国外引进的林木和花卉，必须经过隔离试种，方可分散种植。对国内没有的新种，必须经有关专家论证同意后方可引进。使林业植物检疫以及引种工作正规化、法制化。

其次，建立专家支持系统，能够对全国林业有害生物进行远程诊断，并建立林产品标志标准以实现对林业疫病追根溯源。构建国家、省、市、县多级林业植物检疫的信息网络、建设完善国内外林业有害生物检疫信息数据库、制定林产品标志标准，实现对林产品生产全程监管和疫病追根溯源，提高市场监管能力，加强对植物检疫办证点的管理和技术指导，提高对危险性林业有害生物疫情的封锁能力，防止疫情扩散蔓延。

最后，加强横向联合，建立林业植物检疫的协作机制。要加强与海关、商检、农业、交通、公路、铁路、航空、气象、工商等部门的协调配合，强化产地检疫、调运检疫、市场检疫工作，加强对过往运输森林植物及其产品车辆的检疫检查，防止危险性有害生物扩散传播；加强对森林植物及其产品的集贸市场、仓储、加工、销售单位及苗木、花卉、果品等生产单位的管理和产品执法检疫，取缔无证木制品加工企业。阻断危险性林业生物的传播渠道。加强对来自国外的森林植物及其产品经过口岸检疫机构检疫运至目的地后的复检工作，加强森林植物检疫区域间协作，利用林业植物检疫信息网络，搭建森林植物检疫实时图像监控平台，建立森林植物调运实时监控系统，实现检疫御灾横向协作、快速实时响应。

（三）加强减灾体系建设

加强减灾体系建设，就是进一步完善、充实加强县级以及乡镇、村的林业生物灾害防治机构的力量，加大防治基础设施建设力度，配备防治器具和药品，加大应急救灾物资储备。确保强有力的组织手段和准备充分的人力、物力和装备、运输能力。进一步完善和建立各级林业生物灾害的防治指挥中心，形成林业生物灾害防治的指挥体系，建设一个国家、省、市、县以及乡镇、村上下畅通、左右连接的应急信息通道网络，林业生物灾害的相关信息网络还可以直接与国务院救灾应急办公室相连。林业生物灾害的减灾体系建设还包括防治作业体系的建设，技术支撑体系建设，更主要的是组建应急的专业防治队伍，提高对林业生物灾害的迅速反应能力和治理能力。加强林业生物灾害的减灾体系建设，还包括积极开展灾害研究，制定科学评估的指标体系和评估机制，进行灾情和防治效果的评估，不断提高防治减灾管理工作决策水平。

防治减灾体系建设的关键是以建设一支专业化的、高素质的森防队伍。进一步加强县级、场、乡站森防队伍，配齐人员，编配具有一定专业知识的人员从事森防工作；同时注重知识更新，注重教育和培训。积极开展除了以"一法两例"及相关法律、法规为主的培训和森防检疫、测报常规技术培训，检疫、测报的新技术培训，新的防治器具的应用等以外，还要开展计算机应用培训、网络知识以及防治检疫信息系统应用等培训。通过参加上级业务主管部门组织的培训，获得上岗资格证，实行持证上岗，提高森防人员的执法水平和业务素质，以适应林业生物灾害防治工作的需要。

三、合理用药，加强生物防治

（一）合理用药，保护环境

合理用药主要包括两个方面。一方面是选择残留小、对环境危害小的药物。认真遵守国家有关安全合理使用农药的规定，全面禁止使用剧毒高残留农药，如甲胺磷、乙拌磷、久效磷、对硫磷、甲拌磷、水胺硫磷、林丹、氧化乐果、福美砷、三氯杀螨醇、草枯醚、除草醚等，大力提倡使用生物药剂或仿生物药剂，以减轻对环境和水源的污染，比如如BT乳剂和病毒等的微生物农药，如灭幼脲等的仿生农药，如昆虫信息素等的动物源农药，如烟碱、茴蒿素等的植物性农药，如矿物油乳剂、石硫合剂、波尔多液等的矿物性农药。

另一方面，合理用药更关键的是提高药物的利用率，减少流失，减少药物进入环境系统。首先对于林业有害生物用药要选择合适的时机，避免流失发生，如避免雨前施药，径流流失主要发生在施药后3天内，因此要注意天气变化，尽量避免在暴雨前施药。其次在药物使用过程中，逐步推广新型器具和新型防治技术的使用和运用，减少药物流失。推广精准施药技术，精准施药的核心是在识别有害生物差异性的基础上，充分获取林业有害生物存在的空间和时间差异性信息，采取技术上可行、经济上有效的施药方案，准确地在每一个作物上喷洒农药，使其药液在作物叶片上形成最佳沉积，从而提高药物有效利用率、降低用药量、减轻环境污染。如在林业生物灾害防治中利用图像处理、机载GPS、静电喷雾、喷杆、风幕以及光机电一体化和自动化控制等技术，使用大型和专业喷药机具，可以实现精准施药，降低施药液量，提高药物的利用率。

（二）加强生物防治

减少林业生物灾害防治过程中药物对环境的负面影响的另一重要途径就是进行生物防治，目前我国生物防治比率过低，技术跟不上，防治人员的技术水平也有待提高，因此加强生物防治首先要坚持搞生态林业，维护森林内生物多样性。坚持适地适树、采用良种壮苗、营造混交林等营林措施，使得森林内生物链完整，生物之间相互抑制，利用天敌关系自然地控制林业生物灾害的发生，增强林分自然抵御林业生物灾害的能力。

其次，开展相关的科研。目前我国在生物防治上水平落后的原因之一是基础研究、应用研究跟不上，生物制剂品种少、不适用，很多生物防治的技术还不能大面积推广、防治效果一般。因此要加强研究生物间的关系，研究有害生物、天敌的适宜的生态环境和繁衍控制措施，以及一些生物防治的应用技术，研究和探讨新的林业生物灾害的防治技术并在生产上推广。

最后就是加强技术推广体系建设，培训人员。林业生物灾害的生物防治需要复杂的技术，在有了相应的可运用的技术以后，一定要进行技术推广，使防治人员能够掌握利用相关的生物防治手段。比如推广管氏肿腿蜂繁育技术防治天牛，推广赤眼蜂繁育、控制技术防治松毛虫，推广鸟类招引技术防治天牛，以及推广利用BT乳剂、病毒和仿生农药灭幼脲等防治美国白蛾、松毛虫等。

四、加大预防资金投入，完善资金管理

针对我国面临林业生物灾害防治资金短缺，很多林业生物灾害亟待治理，尤其预防体系缺少经费，建设不力，设施、人员配备不足等，多渠道筹集资金、加大投入、创新管理机制是完善我国林业生物灾害防治体系的重要举措。

（一）扩大资金来源，创新融资制度

首先，在坚持"谁经营，谁防治"的原则下，扩大资金来源，多渠道筹集资金。森林具有多重效益，是国家生态建设的主体，具有社会、生态效益。因此林业生物灾害的防治工作也有着巨大的外部性，其防治的投入效益，不仅仅森林所有者收益，社会公众也会受益，因此根据"谁受益、谁补偿"的原则，应该由国家、集体和森林经营者个人多层次、多渠道投入，以筹集更多的资金。在目前尤其南方集体林权制度改革后，林权分散、小农经营林业，同时林业生物灾害日趋严重的形势下，由经营者农户直接投入资金进行林业生物灾害防治的难度增大。而生物灾害防治具有广泛性、长期性、社会性和公益性等特点，综合治理的经费也不应该完全由农户承担，需要政府、社会和受益者（包括森林拥有者农

户和生态效益的受益人）的多方投入。应当实行政府投入为主，经营者投工投劳的投入原则，形成多渠道、多形式、多层次的投入机制。政府应设立预测预报和森林植物检疫专项基金，进行林业生物灾害的监测、检疫等预防工作。地方政府应将林业生物灾害防治工作纳入当地防灾减灾计划中，所需林业生物灾害防治经费列入地方财政预算，以便增加防治、测报、检疫对象普查和基本建设投资等，同时应建立生态效益补偿制度，以便于从收取的补偿资金中适当安排防治经费。对于各级政府部门的投资，应该坚持"以地方政府为主、中央政府补助为辅"的原则，地方政府以省级政府为主要投入者，市县乡镇为辅。因为森林安全是国家生态安全的重要保证，中央政府负责国家生态安全，权责对应，应该投入资金进行林业生物灾害防治，但森林所带来的生态效益地方受益最多，根据财力和公共产品提供的原则，应该由省级政府为主的地方政府承担主要的建设投入责任。

其次，创新融资制度，切实体现"谁受益、谁补偿"的原则。建立生态补偿基金制度，更广泛地从受益者筹集补偿资金来增加林业生物灾害的防治经费，以维护生态安全。征收对象为森林的生态效益受益者，即为社会公众和企业，征收的标准可以根据低标准广泛的原则来制定，因为林业生物灾害防治维护的森林生态效益和生态安全的受益者是广泛的，征收的目的在于筹集资金进行生态建设和林业生物灾害的防治。征收的生态补偿资金安排用于生态建设，包括林业生物灾害的防治，从而解决资金来源问题，也更好地体现"谁受益、谁补偿"的原则。不管是公益林还是商品林，客观上都对生态环境起到改善作用，其林业生物灾害的防治也都是维护生态安全，收取的生态补偿资金中都应该适当安排林业生物灾害的防治经费。

（二）改变资金投向，加强资金管理

除了加大投入、多渠道地筹集林业生物灾害的防治资金外，还需要对林业生物灾害的防治资金更加明确使用方向和投向，进一步加强资金管理。

第一，要改变林业生物灾害的投资体制。改变"钱随灾流，人随灾走"现象，实现"救灾投资"向"预防投资"的转变。加强资金的管理，防止"有灾给钱，无灾不给钱或少给钱"的现象出现，杜绝一些地方将林业生物灾害看成"摇钱树"，严重影响林业生物灾害的防治成效和资金的使用效益。并且要完善制度，优化机制，确保防治补助资金足额、及时到位，防止挤占、挪用补助资金，提高资金的使用效益。将一些基本的预防经费和人员经费纳入各级预算管理，实现经费有着落，工资有保障，以制度化进行管理。

第二，体现预防为主的方针，加大在预防体系建设的资金投入，真正实现预防与灾害治理相结合。将林业生物灾害防治资金分为预防资金和灾害治理资金，保证预防资金的比重。通过转变林业生物灾害防治经费分配方式，充分发挥资金导向作用，促进各地做好预防工作，做到"防早、防小、防了"。增加普查、监测、检疫等预防工作和基本建设投

资，增加基层森防部门的工作经费，以切实发挥基层森防、检疫等部门的职能，强化服务功能，稳定其机构及其人员队伍。还可以通过预防奖励的方式进行，对预防工作开展好、生物灾害少的地方采取"以奖代投"的方式下拨林业生物灾害防治资金。

第三，将经费投入林业生物灾害的基础性研究中。对于一些需要长期投入和跟踪研究的加大投入，如一些林业有害生物的性状研究及其发生规律的研究。甚至包括一些林业生物灾害防治战略、气候环境变化对有害生物的影响等基础性研究，以及监测预报、快速检疫、天敌繁育、有害生物评估、无公害防治等应用技术方面，加大投入。鼓励加强学科联合和行业联合，促进学科交叉，开展林业生物灾害基础理论和防治新技术研究，提高林业生物灾害研究水平和防治的技术水平。

第四，增加基层森防人员培训和教育经费。林业生物灾害的防治是一项涉及面很广的工程，尤其生物防治需要较高的人员素质和技术水平，针对目前基层技术人才缺乏、素质偏低的情况，导致新技术不能运用、生物防治难以开展的局面，加大人员培训，以建立一支稳定的高素质的满足新形势下林业生物灾害防治的专业队伍。加大基层补助力度，将基层防治人员及防治合作组织纳入国家补助范畴，对于农村基层的防治人员进行补助，提供一定的经费。向基层、向偏远落后地区倾斜，全面提升乡村一级的防治能力。

第五，增加基层在设备、基建以及一些防治器具药品上的投入。建立和完善办公室和测报点、检疫室，完善检疫、监测的基本设施和手段，提高监测预报、检疫检验和防治水平。增加基本站点建设投资，配备必要的森防设备，如检疫、检测仪器设备等，改善测报、检疫和防治手段，提高工作效率。增加必要的数据处理、储存、通信等设施和设备，提高基层的林业生物灾害的管理能力。增加防治机具，并对农户进行防治机具和药物补贴，解决长期以来农民买药难、用药难的问题，提高防治能力。

第五章 林业企业管理

第一节 林业企业概论

一、现代林业企业概述

（一）现代林业企业的基本特征与分类

1.现代林业企业的基本概念

随着客观环境的变化，林业企业的各种关系也发生了很大的变化，其中最根本的变化是生产要素所有者之间关系的变化，这种变化决定了其他关系的变化。传统意义上的林业企业是以某一生产要素所有者为主体所形成的经济组织。而现代林业企业生产要素所有者多元化，且各生产要素所有者之间是一种平等的契约关系。因此，现代林业企业的概念可定义如下：现代林业企业是指以森林资源培育、开发利用、经营等活动为内容，各种生产要素的所有者为了追求一定的利益，通过契约关系而组成的经济组织。这一定义实际上主要强调了各种生产要素（如资本、土地、人力资源、技术等）背后的所有者的相互关系，且这种相互关系是一种契约式的平等的关系。

2.现代林业企业的基本特征

林业企业有着与一般企业相类似的基本特征，但对于森林资源经营的企业而言，由于森林资源（主要是林木资源）的特殊性，又表现出与一般企业所不同的特征。研究这些不同的特点是有效进行现代林业企业管理的前提。

（1）多产业性

林业企业是以森林资源为经营对象的，由于森林资源包括土地、林木、野生动植物、微生物、地下资源、景观资源等，因此林业企业对森林资源的开发利用是多方面的。由此反映林业企业的经营活动包括了第一、二、三产业在内的多个产业，其经营活动是复杂的，管理的难度也比一般企业大。

（2）多目标的并存性

森林资源不仅能提供各种林产品，而且也能发挥生态效益和其他社会效益。因此，现代林业企业经营活动的目标不应是追求单一的经济效益，同时也应发挥生态效益和社会效益（即使商品林的生产也应如此）。

（3）资源的约束性

任何企业的经营都要受到一定资源的约束，但是林业企业由于森林资源的短缺而成为较为突出的资源约束型企业。这种约束来自两个方面：一是垂直约束，即森林资源主体生产量的锐减，使林业企业后续产业的发展受到较大影响；二是水平约束，即林业企业生产尤其是森林资源培育生产投入的不足，导致林业企业生产所需资源的约束。第二种约束加重了第一种约束，从而形成了林业企业生产资源约束的连环。要克服这种约束，除增加投入大力培育森林资源外，更重要的是林业企业生产要实行强制替代，进行多资源的开发与利用。

（4）林业企业生产资源的地域组合性

森林资源的生产是一定地域上的组合体，而且在不同的地域，这一组合体的内容和表现出的特征又不尽相同，所以，林业企业必须根据不同的组合体采取不同的经营措施，以发挥其整体效用。

3.现代林业企业的分类

现代林业企业虽然都是从事各种林业生产经营活动的经济组织，但由于其经营对象、生产规模、投资主体等方面的不同，从而形成了不同的林业企业类型。正确划分林业企业类型并正确认识它们的不同特点，对于合理组织生产经营活动、进行科学管理，都有着十分重要的意义。

（1）按企业的财产关系划分

按照企业的财产关系可将林业企业分为三种主要类型：独资型企业、合伙型企业、公司型企业。

独资型企业通常是只有一个自然人单独出资设立、独立拥有和控制、不具备法人资格的企业，它是所有企业组织形态中最古老、最简单的一种模式，因此，有时也被称为古典企业。

合伙型企业是指那些由各合伙人订立合伙协议，共同出资、共同经营、共享收益、共担风险，并对合伙企业债务承担无限连带责任的营利性组织。与独资型企业相比，合伙型企业内部又增添了一层各合伙人之间的相互监督约束关系。

公司型企业是指由两个或两个以上出资者出资，依照法定条件和程序设立，具有独立人格的法人企业。根据《中华人民共和国公司法》的规定，公司型企业主要有两种表现形式：一是有限责任公司，二是股份有限公司。

（2）按所有制形式划分

按照所有制形式可将林业企业分为：国有林业企业、集体所有制林业企业、私营林业企业等。

（3）按企业经营范围划分

按照企业经营范围可将林业企业分为两大类型：综合性林业企业、专业性林业企业。

综合性林业企业通常是指以森林资源培育、加工利用为内容的林业企业，多指国有森工企业、国有林场、集体林场、合作林场、采育场等。

专门性林业企业指局限于林业内部做专门分工的生产经营单位，主要包括以下类型：

第一，森林经营企业。这是以森林资源生产为主的企业，其生产经营活动以培育活立木及其他森林资源为主，从事森林资源的交易活动。

第二，木竹材加工企业。这是以原木、原竹材等为原料，进行粗、精、深加工生产，制造各种木竹产品的加工企业，如制材厂、人造板厂、家具厂等。

第三，林产化工企业。这是以森林资源或木材的附属物（如松脂）、内生物（如胶汁）、副产品（如果壳）等为原料，通过化学工艺加工生产特有林产化工产品的企业。这类企业又往往以一厂一品为特征，由于产品单一、专业化程度高、科技含量高，其产品的附加值也较高，一般骨干企业均以机械化、自动化生产线生产。

第四，林产品经销企业。这是专门从事各种林产品流通经营的企业。

第五，森林旅游企业。这是以森林景观资源为依托，主营景观游览、休憩、旅行、考察等业务及其他业务的企业。

（4）按企业规模划分

按照企业规模可将林业企业分为大型林业企业、中型林业企业、小型企业。划分企业规模要综合考虑其产值、利税、资产、森林资源等多项指标。

（5）按企业经营形式划分

按照企业经营形式可将林业企业分为：承包经营林业企业、租赁经营林业企业、股份经营林业企业、股份合作经营林业企业等类型。

（二）现代林业企业的经营目标与社会责任

1. 现代林业企业的经营目标

所谓企业经营目标，是指在分析企业外部环境和内部条件的基础上，所确定的企业各项经济活动的发展方向和所要达到的水平，是企业经营思想的具体化。

制定科学合理的经营目标，对于现代林业企业的发展起着重要的作用。经营目标为企业各项生产经营活动提供了基本方向，是企业一切经营活动所要达到的目标和基本依据。有了正确的经营目标，才能够对企业的生产经营活动进行具体指导，才能够使企业有目的、有针对性地合理利用资源，发挥资源优势，提高整体效益。经营目标反映了企业所追求的价值，是衡量企业各方面活动的价值标准，也是企业生存和发展的意义所在。企业的经营目标是动态的，经营目标是在进行外部环境分析和科学预测未来发展趋势的基础上所确定的，所制定的经营目标就是要达到企业内部条件与外部环境的平衡，以求得企业长期、稳定、协调地发展。

企业的目标是变化的，不同时期有不同的经营目标，即使同一时期，企业的经营目标也是多方面的，这其中既有经济目标又有非经济目标，这些目标共同组成了企业的多目标体系。随着我国林业的重新定位，社会对林业企业的要求也发生了很大变化，现代林业企业的经营目标也必须随之进行调整。

（1）生态效益目标

生态效益目标主要指以森林资源为经营对象的企业为社会所提供的具有巨大公益效能的无形产品。这一目标包括最大限度地发挥森林的调节气候、涵养水源、保持水土、改良土壤、净化空气、防风固沙、保护生物多样性、防治环境污染和减少自然灾害等生态功能。这些无形产品具有外在性、需求难以界定和消费具有层次性、非排他性和集团性，不能在有形市场上交换、得到补偿、实现价值等特点，因此，具有鲜明的公益性，需要国家采取特殊的政策和方法，给林业企业以必要的补偿。

（2）经济效益目标

在市场经济条件下，林业企业是相对独立的商品生产者和经营者，它对国有资产负有保值增值的责任，实行自负盈亏，因此，追求经济效益最大化是现代林业企业发展的内在要求。市场经济的发展，使现代林业企业面对着更为复杂的竞争环境，企业要生存要发展，就必须进行资金的积累，以增强自身的经济能量，提高自身的素质，而这又以经济效益的最大限度发挥为前提。所以，追求经济效益最大化就成为林业企业的一般运行目标。

经济效益最大化目标对现代林业企业有着积极的效应。首先，经济效益的最大化是以满足市场的需求、产品为市场所接受为条件的，这样林业企业势必要密切注意市场的动向，以高质量的产品赢得市场。所以林业企业能够积极采用先进的技术工艺，运用科学的管理方法，实现资源的有效配置，努力降低成本，提高企业的经济效益。其次，追求经济效益最大化目标使林业企业内部关系得以协调。企业利润的增加依赖于劳动者积极性的提高，而劳动者积极性的提高则有赖于个人收入的增长，所以企业会采取有效的措施，提高劳动者的收入，以刺激劳动者的工作热情。因此，在利益的相互制约中，双方要求得到平衡协调，有利于处理好企业的内部关系。最后，追求经济效益最大化有利于促进企业行为合理化。要使经济效益得到不断增加，企业必须处理好眼前利益与长远利益之间的关系，端正自己的行为，合理地进行企业生产经营活动，重视企业声誉和市场地位，以求得企业的长期发展。

（3）社会效益目标

林业企业的社会效益目标主要表现在其对促进民族繁荣、社会文明、增加就业机会、稳定和发展林区以及提高人们生活质量等方面。

就增加就业而言，随着企业机构的改革和林业企业木材产量的大幅度调减，富余劳动力大量增加，再加上待业人员数量的增加，使得如何安置这些富余人员，解决待业、稳定社会秩序等问题，成为林业企业亟待解决的大问题，也使得林业企业在某些生产经营活动中以追求就业为主要目标。这一目标的导引，产生了一些积极的效应，如促进了林区社会的安定，增加了林业生产第一线人员，迫使林业企业广开生产门路等，但在实际生产中，也产生了一些不利的影响。由于这些待业人员没有经过专业培训，技术水平相对来说比较低，因此实际的操作能力比较差，给产品质量的提高和经济效益的提高带来了一些不利的影响。另外，企业人员的增加必然会提高企业的工资支出，也会使企业利润水平受到一定的影响。所以，这一目标只是一定时期其他目标的伴随目标，而且以后随着社会保障体系的不断完善，这一目标将不会再存在。

林业企业生产经营活动的上述目标是相互联系、相互制约的。追求经济效益最大化是林业企业生产经营活动的一般动机和要求，但这并不意味着企业在生产经营活动中把利润目标定得越高越好，也不意味着企业可以不顾一切地追求利润的增加而忽视其他目标。事实上任何企业的具体经营活动总是在一定的条件下发生的，企业活动的具体目标总要受到这些条件的制约。也就是说，企业的具体经营目标并不仅仅由企业活动的一般动机决定，而且受到其他因素的强烈影响和约束。由此，企业在经营活动的不同时期、不同阶段，具体目标不仅在量上而且在构成上、重心上都会有差别。企业生产经营活动的目标是一个完整的体系，不仅包括生态效益、经济效益、社会效益目标，而且还包括产品产量、产值、产品质量水平、新产品开发程度、劳动生产率、新技术应用程度、产品价格、工资水平等具体目标，实现产量、产值、质量、新产品开发、新技术应用等目标，是实现企业利润目标的手段和重要途径。所以，不能认为追求利润最大化是企业经营中始终不变的唯一目标。在一定时期内，实现其他目标则比实现暂时的利润最大化更为重要。

总之，在林业企业的经营目标系统中，各种具体目标是相互联系、相互制约的，各目标应相互协调，发挥最大的整体效益。

2.现代林业企业的社会责任

林业企业实现社会效益目标（实际上也包括生态效益目标）的过程就是履行社会责任的过程，企业履行社会责任主要是受道德力量的驱使，就是去做对社会有利的事而不做对社会不利的事。履行社会责任对林业企业的发展有着十分重要的意义。现代林业企业所履行的社会责任主要表现在以下几方面：

（1）对环境改善的责任

林业是生态环境建设的主体，对森林资源经营型企业而言，最大限度地发挥森林的生态效益功能是其不可推卸的责任；对其他类型的企业来说，也应积极开发"绿色产品"，并采取有效措施来治理环境污染。

（2）对员工的责任

员工是企业的主人，是企业最宝贵的财富，企业应为员工营造一个良好的工作环境和公平竞争的环境，同时要根据企业的实际和员工的条件，采取各种形式对员工进行培训，以不断提高员工的素质，满足企业发展的需要。

（3）对顾客的责任

企业要为顾客提供各种真实可靠的产品信息，并生产出安全的"绿色产品"，在使用前或使用过程中，企业要尽可能为顾客提供指导，以帮助他们正确使用产品。同时，要为顾客提供高质量的售后服务，建立与顾客的有效沟通渠道，及时解决顾客在使用产品过程中的问题。

（4）对投资者的责任

企业要为投资者带来有吸引力的投资报酬，及时、准确地向投资者报告企业财务状况，使投资者能准确把握企业的发展趋势。

（5）对区域社会的责任

企业要为区域社会的稳定、繁荣做出贡献，不断为社会提供更多的就业机会，积极利用各种途径参与各种社会活动，在回报社会的同时，也为企业树立了良好的公众形象。

二、现代林业企业经营方式

（一）林业企业经营方式的含义

林业企业经营方式是指在一定的所有制条件下，实现林业企业再生产过程的经营组织、结构、规模、责权利关系及生产要素的组合方式。它既受所有制形式的制约，又是生产力组织形式的具体化。首先，经营方式是生产关系的一个层次，它必须以基本生产关系如所有制关系为基础；其次，经营方式不仅具有生产关系的属性，而且具有生产力的属性，各项生产要素结合的不同比例也会形成不同的经营方式。由于经营方式具有生产力属性，故家庭经营、股份制经营、租赁经营等形式，可以在不同的所有制经济中采用；最后，经营方式依附于经济组织，也就是说经营方式必须借助一定的经济组织来实现生产要素结合后的经营运转，使投入转化为产出。

经营方式是现代林业企业管理中的一个重要问题，因为它关系到潜在的生产力能否转化为现实生产力，劳动者生产经营积极性能否充分发挥，林业企业能否适应市场经济的需要合理配置各生产要素，能否顺利实行技术革新与技术改造、推进科技进步等。

因此，在确定林业企业经营方式时，必须遵循以下原则：适应企业生产力发展水平；

适应市场经济要求；符合林业企业生产经营的基本规律和特殊要求；有利于森林资源资产的数量增长、质量提高和结构改善，实现良性循环；有利于调动劳动者生产经营的积极性；有利于科技进步、生产要素合理配置、科学组织管理、三大效益的整体发挥。

（二）林业企业经营方式确定的依据

林业企业经营方式的确定，总的来说，要依据企业生产力发展的水平，并与林业企业生产关系的基本性质和企业生产经营的具体特点相适应。

1.经营主体责权利结合的程度

林业企业经营方式的核心在于密切其责权利的关系，使之实现恰当的结合，以调动生产经营者的积极性。因此，在选择企业经营方式时，首先必须弄清企业经营主体责权利的结合状况。任何一个经营者都要以物质利益为动力，并运用经营权利，调配人财物力，组织生产经营活动。其责权利的结合状况关系到具体经营方式的选择。

2.经营主体的所有制性质和生产经营特点

不同所有制结构的特点必定会在一定程度上影响和规范着经营方式的特点，林业企业经营范围的不同，也必然要求不同的经营方式。因此，在确定企业经营方式时，必须考虑企业所有制结构特点和本企业具体生产经营活动的内容。

3.经营方式的具体特点和要求

不同的经营方式有不同的特点，其适应的范围也各不相同。只有明确各种经营方式的特点和具体要求，才能将其与现有的经营主体比较，确定其适应性，最终做出选择，从而保证企业经营方式能有效实施，并达到预期目的。

（三）林业企业经营方式的具体形式

随着我国林业企业改革的不断深入，企业经营方式也呈现出多样化的形式，今后随着各种环境条件的变化，林业企业经营方式还会有更多的变化。

1.承包制经营方式

承包制经营方式是指按照所有权和经营权分离的原则，以承包合同的形式，明确所有者与经营者的责权利关系，使经营者实行自主经营、自负盈亏的一种经营方式。这种经营方式最初产生于农业，并使农业生产取得了前所未有的发展，农民生产积极性空前提高。借鉴农村经济改革的成功经验，林业企业中的一些国有林场、集体所有制林场和国有森工企业中的部分生产活动，也相继产生了统分结合联产承包的经营方式，在保留一定必要的统一经营的同时，以职工、林农及其家庭分散经营为主，将各项生产任务承包给他们，林地和生产工具也一起承包给他们使用。承包后，生产经营活动的全过程，从计划的制订、资金的筹措、生产的组织，到产品的收获和销售等活动，均由承包者自主经营。在完成承包合同规定的上缴任务后，经营成果由承包者享用。

林业企业尤其是森林资源经营型企业，在实行承包制经营时，不能盲目模仿工业企业的做法，要密切结合林业企业的特点，科学确定承包的指标体系，既要考虑经济效益指标，也要考虑生态效益、社会效益指标，并适当确定承包期。同时要建立有效的管理和监督体系，以避免由承包经营带来的企业短期化行为。

2.租赁制经营方式

租赁制经营方式是指林业企业将一部分（或全部）生产资料租赁给集体或个人经营的一种方式。它不改变企业的所有制性质，以授权单位为出租方，将企业或其部分有限期地租给承租方经营。承租方按期向出租方交付租金，并依照合同规定实行自主经营。它是一些小型企业实行的一种有效的经营方式。

租赁制经营能使企业活力增强，对市场反应灵敏，但企业经营易产生短期行为。它较适合于技术不很复杂、经济效益较差、市场不太稳定的中小型企业。实行租赁制经营，必须对企业资产进行科学评价，以确定合理的承租费用，使企业资产不流失。

3.股份合作制经营方式

股份合作制是目前全国各地，特别是南方集体林区推行的一种联营经济方式。它有两种实现的途径：一是按照"分股不分山、分利不分林"的思路，将集体的森林资源资产折价作股，以股票形式分给应得利益的享有者；而作为林木资产存在的实物形态，仍保持其生存环境的完整性不做具体划分，采取承包办法实现规模经营。二是以林业的多种生产经营要素折股联营。主要有：市（县）林业投资公司与乡、村合作造林；乡（镇）林业工作站参加市、县、乡、村股份合作造林；国有木材经营单位和乡、村、林农个人股份合作造林；国有用材工业企业参加股份合作造林；林业系统职工或农村群众参加股份合作造林等。

4.股份制经营方式

股份制经营是伴随着市场经济发展和社会化大生产而出现的一种财产组织形式、资产经营形式和直接融资方式。股份制经营是指以入股的形式，把分散于不同所有者手中的生产要素集中起来统一使用、合理经营、按股分红的一种经营方式。股东依在企业中拥有的股份参加管理、享受权益、承担风险，股份可以在规定的范围内转让，但不得退股。与承包、租赁经营相比较，股份制经营可以使投资主体多元化、经营主体一元化、产权关系明晰化，是解决生产社会化和所有权封闭性之间矛盾的最佳途径。

5.企业集团经营方式

企业集团是适应市场经济的发展和社会化大生产的客观需要而产生的一种具有多层次组织结构的经济组织形式。它是若干个具有内在联系的企业，基于共同利益和一致目标，在平等、互利、互惠原则下，依据达成的联合协议、合同或章程，自愿组织起来的。

（1）企业集团的特点

企业集团是一种特定的结合形态，虽属企业联合范畴，但比一般企业联合范围大、结构复杂，是更高层次的联合。它有以下特点：组织结构高度专业化，保持了企业间高度专业化的分工协作关系；实现集中优化组合，形成群体优势，是通过优化选择形成的多种优势集中的有机组合体；控制机制相对独立，它是相对独立的经济组织，有自己特点的联合章程、管理机构、控制协调手段、规章制度以及分配方式等。

（2）林业企业集团的特点

林业企业集团实际上是林工商一体化经营的深化发展。早在20世纪80年代初期，广西就组建了南宁林工商联合公司，实行林工商联合、产供销一条龙经营；20世纪90年代中期，福建省组建了永安林业集团，接着东北、内蒙古四大森工集团（龙江森工集团、吉林森工集团、黑龙江大兴安岭林业集团、内蒙古大兴安岭林业有限责任公司）相继成立。企业集团对成员企业的物资、资金、技术、劳动等生产要素进行了统筹配置，初步形成了集团内部的组织系统，集团内部的育、采、运、加、销各环节分工明确，衔接更加密切。成员企业间盲目竞争、盲目争投资、产业结构雷同等现象基本消除，形成了具有合理利益关系的经济组织。

第二节　林业企业管理原理

一、管理系统原理

任何社会组织都是由人、财、物、信息等所组成的系统，任何管理都是对系统的管理。管理系统原理所提供的观点和方法广泛渗透到人本管理、动态管理和效益管理原理之中，从某种程度上说，它在管理原理的有机体系中起到统率的作用。

（一）系统的概念

系统是指由若干彼此有关的、相互依存的部分（亦称要素或子系统）所组成的、复杂的、在一定环境中具有特定功能的有机整体。就其本质来说，系统是"过程的复合体"。

在自然界和人类社会中，一切事物都是以系统的形式存在的，任何事物都可以看作是一个系统。系统从组成要素的性质看，可分为自然系统和人工系统。自然系统是自然生成的系统，如生态系统、气象系统、太阳系等；人工系统是人们为达到某种目的而建立的系统，如生产系统、交通系统、商业系统、管理系统、军事预警系统等；还有自然与人工相结合的复合系统、封闭系统和开放系统、总系统和分系统等。

（二）系统的特征

1. 集合性

集合性是系统最基本的特征。一个系统是由两个或两个以上的既相互联系又相互区别的要素（子系统）构成的整体。构成系统的子系统称为要素，也就是说，系统是由各个要素结合而成的，这就是系统的集合性。如从不同的角度去分析，可以把一个典型的大中型林业企业视为由不同子系统组成的一个整体系统，通常是由研究开发子系统、生产子系统、销售子系统、生产及生活服务子系统、管理子系统等组成的。这样，就出现了各子系统之间相互关系问题及要素与系统之间的关系问题，这些问题所构成的联系就赋予了系统的集合性特征。

2. 层次性

系统各要素之间的相互联系形成了一定的结构，系统的结构表现出不同的层次。每一个系统都可以逐层分解为不同的子系统，包含在系统内的各子系统又是由更下一级的子子系统构成，构成一个系统的子系统和子子系统分别处于不同的地位。系统与子系统是相对而言的，而层次是客观存在的。

系统的层次性不仅决定了系统是由不同层次的子系统所构成的，而且决定了系统本身又是某个更大系统的一个组成部分（如企业本身就是整个国民经济的一个细胞），同时，还决定了各构成要素在系统中的不同地位；决定了系统中的一些子系统为高层次子系统，而另外一些则为低层次子系统；决定了一些子系统居于支配地位，另一些则居于从属地位。因此各子系统本身的发展就要受到其系统的制约。在一个系统内部，处于同一层次上的各子系统之间的关系则表现为系统内某一子系统的变化会影响另外一些子系统的变化。

3. 相关性

系统的相关性，指的是系统内各要素之间相互依存、相互制约、相互影响的关系。构成系统的各个要素虽然是相互区别、相互独立的，但是它们并不是孤立地存在于系统之中的，而是在运动过程中相互联系、相互依存的。系统的相关性一方面表现为子系统同系统之间的关系，即系统的存在和发展是子系统存在和发展的前提，因而各子系统本身的发展就要受到系统的制约。

（三）系统原理的要点

为了实现优化科学管理的目的，在企业管理活动中必须树立系统的观念，根据系统的观念去认识企业管理系统和指导企业管理活动，从企业管理系统的整体出发去处理工作中的各项事务，这就是管理系统原理。它要求在企业管理工作中必须明确：把每项管理工作看作是一个有机联系的整体系统，能够用发展的、联系的观点看待企业管理中的每一个环节、每一个要素、每一个层次，正确处理管理与外部环境的关系，并保证企业管理系统最大限度地保持整体优化状态。

1. 整体性原理

整体性原理是企业管理基本原理中最重要的原理，它是指系统要素之间相关关系及要素与系统之间的关系。以整体为主进行协调，局部服从整体，使整体效果最优。实际上就是从整体着眼，从部分着手，统筹考虑，各方协调，实现系统整体的最优化。

从系统目的的整体性来说，局部与整体存在复杂的联系和交叉效应。大多数情况下，局部与整体是一致的。对局部有利的事，对整体也是有利的，对整体有利的对局部也有利。但有时局部认为是有利的事，从整体上来看并不一定就是有利的，甚至是有害的。有时局部的利越大，整体的弊反而越多。因此，当局部和整体发生矛盾时，要统筹兼顾，既要注意局部利益，又要追求整体利益。

从系统功能的整体性来说，系统的整体功能依赖于要素的相互作用，系统的整体功能不等于各个部分功能的简单相加，而是往往要大于各个部分功能的总和，即"整体大于部分之和"。这里的"大于"，不仅指数量上大，还指在各个部分组成一个系统后，产生了整体的功能，即系统的功能。这种系统整体功能的产生是一种质变，它的功能必然要超过组成系统各要素单独效益的总和。因此，要研究系统要素、结构、功能间的不同组合和排列，使部分与整体达到统一，实现系统整体优化，同时系统要素的功能必须服从系统整体的功能，否则，就要削弱整体功能，从而也就失去了系统功能的作用。

2. 开放性原理

系统与环境之间每时每刻都在进行着物质、能量和信息的交流，这就是系统的开放性。开放系统是一个有活力的理想系统，而一个封闭的、不能与环境进行物质、能量、信息交流的系统是没有生命的。封闭系统就是那些不与外界发生物质、能量和信息交换的系统，它不被其他事物所影响，同时，也不对其他事物施加影响。严格地说，完全封闭系统是不能存在的。实际上，不存在一个与外部环境完全没有物质、能量、信息交换的系统。只是为了研究的方便，有时才把某些与外界发生很少联系的系统近似地看成封闭系统。任何有机系统都是耗散结构系统，系统与外界不断交流物质、能量和信息，才能维持其生命。并且，只有当系统从外部获得的能量大于系统内部消耗散失的能量时，系统才能不断发展壮大。所以，对外开放是系统的生命。

3.环境适应性原理

系统不是孤立存在的，它必然要与周围事物发生各种联系。这些与系统发生联系的外部存在的客观世界，就是系统的环境。每个具体系统都有自己的环境，环境是系统存在、变化、发展的必要条件。其实，环境也只不过是一个更高级的大系统。环境的性质和内容发生变化，往往会引起系统的性质和功能发生变化。任何具体的系统，在其演变过程中，都必须具有适应环境变化发展的功能，离开了环境或不能适应环境，系统的存在将成为问题。因此，环境适应性，指的是系统内部的活动要适应外界环境的变化。从一定意义上说，企业管理系统对环境变化的适应能力如何，关系到该系统的生存、稳定和发展，关系到企业管理目标的实现。

系统对环境的适应并不是被动的，而是能动的，那就是改善环境。环境可以施加作用和影响系统，系统也可施加作用和影响于环境。作为企业管理者在制定决策和计划时，应本着因地制宜的原则，充分利用环境的有利条件，实事求是地做出科学的决策。

4.综合性原理

所谓综合性，就是把系统的各部分、各方面和各种因素联系起来，考查其中的共同性和规律性。任何一个系统都可以看作是以许多要素为特定的目的而组成的综合体，如世界、社会、国家、企业、学校、医院以及大型工程项目几乎都是非常复杂的综合体。

系统的综合性原理的含义包括以下几方面：

①系统目标的多样性与综合性。系统最优化目标的确定，是靠从各种复杂的甚至对立的因素中综合的结果。由于大系统涉及一系列的复杂因素，如果对这些因素在分析的基础上能够综合得好，系统目标确定得恰当，各种关系能够协调一致，就能大大发挥系统的效益；反之，如果综合得不好，不适当地忽略了其中的某一个目标或因素，有时会造成极为严重的后果。如环境污染，就是一个易被忽略的目标和因素，处理不当甚至会引起工程的报废。

②系统实施方案选择的多样性与综合性。也就是说同一问题，可以有不同的处理方案，为了达到同样一个目标，有各种各样的途径与方法。对方案的多样性，必须进行综合研究，选出满意方案。

③系统综合性原理是由综合而创造的。现在一切重大尖端科学技术，无不具有高度的综合性，世界上没有什么新的东西不是通过综合而得到的，如日本松下彩色电视机的300多项技术，都是世界各国已有的，但经过综合，生产出的电视机却是世界各国所没有的。正因为任何复杂的系统都是由许多子系统和单元综合而成的，因此，任何复杂的系统

又都是可以分解的。系统整体可能看上去十分复杂不可战胜，但如果将其分解到每个子系统和单元就可能变得简单而容易解决。所以，企业管理者既要学会把许多普普通通的东西综合为新的构思、新的产品，创造出新的系统，又要善于把复杂的系统分解为简单的单元去解决。

二、管理人本原理

人是企业管理活动的主体，也是企业管理的客体。人的积极性、主观能动性和创造性的充分发挥，人的综合素质提高和全面发展，既是有效管理要达成的目的与结果，也是它的基础和前提。研究、运用人本原理已成为现代企业管理科学的一个核心内容。

管理的人本原理，是指各项管理活动都应以调动人的积极性、主观能动性和创造性为根本，追求人的全面发展的一项企业管理原理。这个原理有两层含义：一是在企业管理活动开展过程中要重视人的因素的作用，从人出发，以人为本，通过调动人的积极性、主观能动性和创造性，发挥人的潜能来提高企业管理效率和效益。它表明，现代企业管理的中心问题是人的积极性问题，人是一切活动的原动力，把人的因素放在首位，做好人的工作，是搞好企业管理的根本。应当看到，企业管理作为一种社会活动，它的主体是人。管理对象的各个不同因素、管理的各种手段和管理过程中的各个不同环节，都是也都需要通过人去掌握、执行和推动。管理系统实质上也是人的活动构成的人力系统，再由人力系统使用机械力系统。离开了人，管理活动就失去了存在的根据和动力。因此，重视人的地位、重视人的行为、重视人的潜能发掘和发挥，从以物为中心到以人为中心的管理，正是人本原理首先强调的一层含义。二是在管理主导思想上要明确，人类进步、社会发展、经济活动效率的提高，前提是人的包括意志与品格、智力与体力在内的更为全面的发展。这是管理的人本原理深一层的含义。它表明，现代企业管理对作为管理客体的人的管理，不仅要以人为中心，而且要把人作为真正的人的管理。

上述管理的人本原理所理解的"人"并不是抽象的，而是受历史和社会制约的、具体的人。因为不论是作为管理主体的人，还是作为管理客体的人，都是通过结成一定的社会关系来进行活动的。"人的本质并不是单个人所固有的抽象物。在其现实性上，它是一切社会关系的总和。"揭示这一点，对于正确认识人本原理是极为重要的。

三、管理动态原理

在现代企业管理中，由于管理系统及外界环境是不断运动、发展、变化的，因此，现代管理者要实现管理目标，就必须努力适应管理系统及外界环境的运动、发展、变化，实施灵活的动态管理。

（一）管理与动态

企业管理动态原理是建立在对企业管理系统和外界环境运动、发展、变化认识基础之上的。企业管理是对管理系统的管理，而管理系统是动态的，是运动、发展、变化的。

1.企业管理系统的组成要素是动态的

管理系统可分为两部分：一部分是一般管理系统，由管理主体、管理客体和管理手段组成。管理主体是人及以人为核心的组织。管理客体是人（组织）、知识、财、物、信息、时间等。管理手段是人（组织）、信息、法律、政策和物质工具等。在这种管理系统中，人和组织是最活跃的。处于不同社会角色地位和不同的时期，人和组织都是运动、发展、变化的；管理系统的其他要素也是运动、发展、变化的。

另一部分是特殊的管理系统，它是由管理过程的决策、计划、组织、控制和监督等构成的。在这种系统中，决策、计划、组织、控制、监督等也是动态的。

2.管理系统各组成要素之间是相互关联的

无论是特殊的管理系统还是一般的管理系统，各组成要素之间不是各自孤立、毫无联系的，而是相互关联的，即相互联系、相互作用。由于相互关联，因而一个要素的变化必然要引起周围其他要素的变化乃至整个系统的变化，从而形成不同的结构和功能。

3.管理系统的外界环境是动态的

任何管理系统都处在环境之中并为环境所包围，需要与环境进行各种资源的交换和信息传递，其运行和发展要受到环境的影响和制约。所谓环境是指包含、影响和制约管理系统的一切外部境况的总和，是组织生存发展的物质条件的综合体。

管理系统与外界环境之间也不是各自孤立、毫无联系的，而是相互关联的，两者之间通过彼此之间的相互联系、相互作用和互动过程，来影响对方的活动和行为，力求使对方服从自身的需要。

（二）管理动态原理的基本思想

管理动态原理是指现代企业管理者在管理过程中，面对管理系统和外界环境运动、发展变化的情势，在遵循管理的普遍原理的同时，必须使管理工作与环境变化相适应，以实现管理的预定目标。这条原理的实质是现代管理者在管理系统和外界环境运动、发展、变化的情势下，如何调整管理理念、原则、方式、方法，以适应这种运动、发展、变化，达到组织的整体和长远目标，实现组织的稳定和发展。这条原理的核心是如何随机应变，其基本思想如下：

1.必须承认管理系统和外界环境的运动、发展、变化

管理系统和外界环境都是动态的开放系统，时刻保持着双向的物质、能量的交换和信息传递，都有一个产生、演化的过程和机制，每时每刻都在运动、发展、变化，都处在不断振荡和补偿之中，这是动态原理立足的前提。

2.没有万能的、一成不变的管理理论、原则、方式和方法

管理工作有许多共同性、普遍性问题，搞好管理工作要有普遍的管理理论、原则、方式和方法作指导，以增强管理工作的导向性、主动性，避免盲目性。但是，任何管理理论、原理、原则、方法、方式，都有其适用的对象、范围、领域，都受一定的时间、地点、条件的限制，都不可能是万能的、放之四海而皆准的，也都不可能是一成不变的。一切要随时间、地点、条件的变化而变化。管理系统或外界环境一方变了或同时变了，管理理论、原则、方式、方法等也要变。

外界环境由过去的两霸主宰世界转向多极化，经济由过去的单极化走向全球化、知识化，由此，我们的管理工作也要适应外部环境的变化，不能以不变应万变，而应该是以变应变。

3.动态原理的核心是权宜达变

管理系统和外界环境变了，管理工作一定要变，这是肯定的。问题是怎样变？如何变？现代管理动态原理强调权宜达变。权是权衡、比较，选择；宜是适宜、因地制宜、因时制宜。这就是说，如果管理系统和外界环境一方或双方都发生了变化，那么管理的理论、原理、原则、方式、方法等就要随之而变。变不是乱变，而是理性地权衡，比较、选择适宜变化了的管理系统和外界环境的管理理论、原理、原则、方式、方法等。

四、效益协同原理

企业管理的最终目的就是为了追求某种效益。在实际的生产活动和社会活动中，取得较好的经济效益、社会效益和生态效益，不仅是管理本身的要求，而且也符合经济和社会的发展，符合不断提高人民物质和文化生活水平的要求。因此，认识效益的含义，如何向管理要效益，是影响企业能否实现既定目标的关键，也是不断提高企业管理水平的一种衡量标准。

（一）效益的含义

效益、效果和效率从概念上理解是有其相似之处的，都是衡量结果的名词，但实际上它们是有差别的。效益是指人们从事某种活动所得到的有益的结果。它可用劳动成果与劳动消耗的比值来表示，也可用产出与投入的比例来表示。在人类所从事的活动中，效益

表现在各个方面，既包括经济效益，也包括社会效益和生态效益等。

效果，是指由投入经过转换而产出的有用成果。然而，产出的结果中有些是有效的，而有些是无效的。就管理效果来说，在其对经济和社会造成的影响中，也可分为正效果和负效果。就以用发放奖金来激励员工这种做法为例，如果采用平均主义的手段，最终就不能达到奖勤罚懒的目的，反而会使劳动积极性下降。因此，管理效益就是指正的效果。也就是说，管理效益就是要引导人们做正确的事情。

效率，是指单位时间内所取得的效果的数量，反映劳动时间的利用状况。管理效率是实施管理后所得的收益和管理成本之间的比率。管理效率的高低是测评管理者工作绩效的重要标志，也是影响企业能否实现更佳效益的关键。效率的主要目的是以最小的代价将事情做完。

管理的效益原理就是要求树立效益第一的观念，在管理的全过程中，要在每一个环节上讲效率，在管理的每一项具体工作中讲效益。总之，在整个管理系统和管理过程中，要把效益作为管理的根本目的和最终归宿。

（二）效益协同原理

效益是企业管理的根本目的，企业管理就是对效益的不断追求。效益协同原理认为追求效益要遵循以下几点规律：

1.确立以效益为中心的管理观念

管理活动应以效益为第一行为准则和一切工作的出发点。以"生产为中心"的时代已经过去，但这种思想在许多管理者头脑中根深蒂固，盲目追求产值、无视市场需求、为提高用户本不要求的质量指标浪费大量的资源导致成本增加的例子屡见不鲜。

2.效益原理要求经济效益、生态效益与社会效益并重

效益可以从社会、生态和经济不同的角度来考查，即社会效益、生态效益和经济效益。经济效益是效益表现的最直接形态。任何一个企业都是为了追求一定程度上的盈利才进行投入产出活动的。所以，我们要明确，追求利润是企业天经地义的使命。另一方面，我们不能无视社会效益和生态效益，即不能为盈利忽视环境保护；不能为了经济利益生产假冒伪劣产品，进行不正当竞争；不能私自生产、出售、走私黄、赌、毒产品等。不顾社会效益和生态效益的行为只能是短期、局部获利，对社会及企业的未来迟早会造成致命的影响。

3.追求短期效益不能无视长期效益

信息时代的企业每时每刻都面临着激烈的竞争，但这种竞争在考验企业爆发力的同

时，又要考验企业的持续发展能力。如果企业只满足于眼前的经济效益水平，而忽视技术开发和人员培训等企业创新必要条件的创造，就会随时有被淘汰的危险。所以企业经营者必须有远见卓识，随时想着明天的发展。只有不断创新，用可持续发展的观点来经营企业，积极进行新产品的开发和所在领域的探索，不断创新，才能保证企业有长期稳定的高效益，才能使企业得到长足的发展。

第三节 林业企业管理的基本方法

一、现代林业企业管理的基本方法

方法是办法，是手段、措施、中间过程的反映，所以管理方法可概括为为实现管理目标而采取的各种手段、措施等做法的总称。目前，林业企业常用的管理方法有行政方法、法律方法、经济方法、教育方法、数学方法和社会心理方法等。

（一）行政方法

所谓行政，是国家行政机关和公务人员为实现国家的政治目的，行使法定职权，处理各种公务的行为和过程。依靠其法定的职权，通过强制性的行政命令直接对被管理者施加影响，并按行政组织系统进行管理的方法称为行政方法。

1.行政方法的特点

行政方法具有如下特点：

①政策性。政策是行政方法的根本。管理者应注意党的方针政策的学习，在实际管理工作中按党的政策办事，可避免以感情代替政策、滥用职权等现象的出现，也避免给工作和事业带来损失。

②强制性。行政方法一般是通过国家行政权力机构发出命令、指示、规定、指令性计划等，要求被管理者从思想上、行动上、纪律上服从和执行。这种强制性是原则性的，但它同法律上的强制性具有原则不同、制约范围也不同的区别。

③权威性。行政管理的成效很大程度上取决于管理者的权威，权威越大，工作就能顺利开展。管理者的权威通常由职位、品质和能力等因素所决定。

④稳定性。行政管理系统具有严密的组织机构、统一行动、强有力的调节和控制的特点，对外部干扰具有较强的抵抗作用，因此具有相对的稳定性。

⑤时效性。行政管理的实施可根据对象、目的、时间、地点的不同而变化，因此，这种方法具有一定的时效性，应根据具体的环境条件而适当采用。

⑥垂直性。行政管理是通过行政系统，分层次自上而下进行的，同一层次之间不存

在命令或行政关系，只存在联系和协调、协商关系。

2.行政方法的优缺点

行政方法，始终是林业企业管理的主要管理方法之一。该方法具有许多优点：集中统一；便于发挥企业管理职能；是实施其他管理方法的必要手段；具有一定的灵活性和弹性等。

但行政方法也具有相当大的局限性，主要表现在：受管理者的知识能力、道德修养、领导艺术等方面的影响较大；不便于下属积极性、主动性和创造性的发挥；横向沟通困难；不能很好适应现代社会化大生产和市场经济的管理要求。因此该方法一般与其他管理方法配合使用，极少单一采用。

（二）法律方法

企业管理的法律方法是指通过制定和实施法律、法令、制度和具有法规性的文件进行管理的方法。法律方法也是强制性的管理方法，如果说行政方法是形式上的强制，则法律方法就是内容上的强制，是行政方法进一步的表现。

1.法律方法的基本特征

法律方法的基本特征是：

①阶级性。法律是人类阶级社会特有的产物，是统治阶级意志的体现，是经国家制定或认可的并以国家强制力保证实施的行为规范的总和。其目的在于确认、保证和发展对统治阶级有利的社会关系和社会秩序。

②强制性。法规一经制定和实施，就得强制执行。这种强制性较之行政管理方法更为严厉。国家制定的法律在国家管辖的领土范围内，在其权力所及的一切地方，具有普遍的约束力。谁违反了法律，谁就要受到应有的惩罚，这种惩罚是靠国家的强制力保证的。

③规范性。就是指人们在社会生活中所应遵循的行为规则。法律规范有其特定的结构内容，具体说来，包括假定、处理、制裁三个要素，并且是这三个要素密切结合的整体。假定，是适用法律规范的条件和情况，法律规范所要求或禁止的行为，应当在什么具体的时间、地点以及对什么人才适用。处理，是法律规范中的行为规则本身，指明允许做什么和不准做什么，必须怎样做和不允许怎样做，这是规范性的主要表现。制裁，是指明不遵守法律时将要引起的后果。

④稳定性。法律一经制定就不宜经常更改，否则，就有损于法律的严肃性和权威性。

2.法律方法的优点及适应条件

法律方法的主要优点：宜用来调整企业管理组织中的各种关系，明确各子系统的权

利、义务和相互关系，维护管理的相对稳定性和有序发展；将林业企业管理活动纳入法律化、制度化轨道，使人们有章可循，使管理系统自动地有效运转。

法律是促进物质文明和精神文明建设的有力保证。但使用法律方法应具备一定的条件：要有相适应的社会道德舆论水平，否则，会降低法律的效用；要进行法制教育，增强人们的法制观念，树立法律的权威性；要加强法律建设，健全法律体系和法律结构，培训熟悉法律、能严格依法办事的人才。

（三）经济方法

企业管理的经济方法是运用各种经济手段，按照客观经济规律要求，调节各方面的利益关系，调动各种积极因素，推动生产发展，提高工作效率，实现企业管理目标的管理方法。按其管理对象不同，经济方法可分为宏观经济方法和微观经济方法。宏观经济方法主要是通过价格、税收和信贷等手段来调整国家、集体、个人三者利益关系，指导生产、消费，调节外贸、流通和分配，促进国家和地区经济的发展；微观经济方法是指运用工资、奖金和罚款等手段来调动职工的积极性，激励职工不断提高生产技能和劳动生产率，并积极参与经营管理活动的方法。

1. 经济方法的特征

经济方法具有如下特征：

①规律性。经济活动有其固有的规律，这就要求必须按经济规律办事，否则将会受到经济规律的惩罚。

②利益性。各种经济管理措施要符合广大人民群众的利益。

③制约性。在宏观管理中，国家运用经济杠杆来制约本系统成员的活动，使之与整个管理活动相协调，共同实现管理目标。

④灵活性。不同地区、不同部门、不同企业，在不同时间，可以运用多种不同的经济方法来处理不同的管理问题。

⑤可测度性。各种经济管理方法都离不开经济指标，它们是反映某一方面经济情况的绝对数、相对数或平均数的量，这些一般都是可以度量的。

2. 经济方法的优缺点

经济方法的优点是便于分权和加强横向联系，有利于调动下属单位与职工的积极性；缺点是可能会在一定程度上对人们的思想意识产生副作用。因此，必须配合宣传教育，建立相应的法律、法规。

（四）教育方法

企业管理的教育方法是指用思想政治工作的方法来解决各种问题。企业管理首先是对人的管理，人是有思想的，必须依靠思想政治工作改变人的精神面貌，调动人的积极性。

1. 教育方法的实质

教育方法的实质是用社会主义精神文明建设来促进和保证企业物质文明的建设。教育方法能收到其他方法所收不到的效果，但是教育的方法也不是万能的。

2. 教育方法的特点

①启迪性。在企业管理中使用教育方法重点在于开导、启发人们的自觉性。它不是强迫员工必须如何去做，而是通过教育培训，用道理说服人按照管理者的意图去执行，因而具有启迪性。

②全面性。教育方法在实施的过程中，涉及的人员范围非常全面。上至经理（厂长）为首的领导层，下至中级干部、基层干部和全体员工，都需要明确岗位任职资格规定，并据以确定培训需求，因需设教。

③权变性。权变性是指教育方法所实施的内容和模式，不是固定不变的。因企业战略、方针、目标的不同，企业管理活动的特点也有所变化。管理者可在总目标的指导下，因时、因地、因事选择不同的教育内容和灵活的方式方法。

④参与性。企业采用教育方法的目的在于使员工理解领导者的意图，掌握开拓创新所需要的知识，具备岗位任职所必需的能力，自觉主动地参与企业管理。同时，教育的方法还要求各级管理者，甚至一部分员工本身也承担一些教育培训工作，这实际上也是参与了企业管理。

⑤经常性。教育方法在企业中往往不是追求"立竿见影"的短期效果，而应长期坚持，贯穿于企业管理的全过程。

教育方法最主要的作用在于能使员工通过接受教育提高自身的素质。素质提高了，意识、能力等也就逐渐具备了。但教育的方法往往投资较大，且短时期内的效果不十分显著。因此，要求企业管理者做深入细致和坚持不懈的工作。

（五）数学方法

企业管理的数学方法是指运用数据和有关数学科学知识为工具，对企业生产经营活动进行分析。运用数学方法进行定量分析，可使人们对于客观经济规律的质的方面认识深化和精确化。当今电子计算机的应用，为在企业管理中运用数学方法创造了条件，数学方法日益成为企业管理工作中不可缺少的工具。但数学方法对无法定量的事物不起作用，而且它也只是辅助管理的手段，不能代替企业管理工作本身。

（六）社会心理方法

企业管理的社会心理方法是指运用社会心理科学的知识，通过了解集体和个人的社会心理活动特点，按照人们在经济生活中的社会心理活动规律，来搞好企业管理的方法。管理社会心理方法的基本特点是具有很强的针对性，这种方法的实质是满足人们的社会心理需要，以达到调动其积极性的目的。它是思想教育方法的深化与延伸，但不能代替其他管理方法。

上述管理方法只有在实践中有机地结合运用，配合一致，才能取得成效。

二、计算机在林业企业管理中的应用

经济领域是最早应用电子计算机的领域之一，今天，计算机在企业管理中的应用已发展成为管理工作的重要组成部分，它不仅能胜任收集、整理、分析、存储、检索大量经济信息的工作，而且还可以使企业管理过程趋向合理化、科学化，它的功能强、准确性高，既可用于数据处理，又可作为辅助决策的有力工具，人工是无法与之比拟的。

计算机在林业企业管理中的应用主要表现为在林业企业的生产经营过程中，把由人工从事的工作改由计算机去做，计算机从各个方面辅助林业企业各级管理人员进行高效、适时、优质的管理活动。从而使林业企业各部门更好地发挥企业管理的各种职能，使林业企业的各种资源得到最佳利用。

（一）利用计算机进行信息预测

这样的做法不但省时、省力，而且准确、迅速。如林业企业目标利润的预测，社会购买力投向和构成的预测，销售预测，企业库存材料、库存商品保本预测，成本费用预算，林木资源状况，储木场管理，等等，如果把这些方面的资料编制成合理的数学模型和计算机程序，输入计算机，就可以及时、准确地得到有用信息。

（二）利用计算机对生产和经营过程进行全面质量控制

在林业企业管理过程中，把生产和经营过程各环节的数据输入电脑，就可以经过计算机的运算和控制，输出各工序和营业阶段质量状态的信息，对这些信息及时采取相应的控制措施，就可以保证林业企业产品和经营质量的全面提高。

（三）利用计算机进行信息传输和反馈，辅助决策

利用计算机编制计划、统计、财务报表，进行资源统计分析、库存管理、银行存付款管理、工资计算、成本费用的汇集和分配结转以及人事档案管理等。这样，既能够把林业企业内部信息迅速向外界输出，又能把各种有用信息尽快向管理层传递，以供他们决策时使用，提高决策的科学性，减少决策的盲目性，更好地发挥管理职能。

（四）林业企业管理计算机应用的条件

计算机应用于林业企业管理既涉及计算机系统，也涉及企业管理系统以及计算机系统与企业管理系统的融合、衔接和协调的问题。因此，要使计算机在林业企业管理中真正发挥作用，必须具备一定的条件。

1. 领导要重视

企业主管部门领导和企业领导充分认识运用计算机辅助林业企业管理的重要意义是问题的关键所在。计算机应用于林业企业管理是从传统管理进入现代化管理必不可少的前提条件，涉及企业的方方面面。因此，林业企业必须花大气力去做，领导在思想上应高度重视，在行动上要亲自抓好组织协调工作。

2. 做好林业企业管理的各项基础工作

计算机应用于企业管理是企业管理工作发展到一定水平的客观要求，应建立在科学管理的基础上。只有在合理的管理体制、完善的规章制度、稳定的生产秩序、准确的原始数据的基础上，才能充分发挥计算机系统的效率和作用。管理工作的程序化、标准化及信息形式的规格化是基础工作中与计算机辅助企业管理关系最密切的方面。管理工作程序化是指按照事先确定的科学合理的、规范化的工作流程，执行各项管理工作；管理工作标准化是指在管理工作程序化的基础上，进一步规定各管理部门、各环节、各项管理业务的具体内容、职责范围和工作方法；信息形式的规格化是指同种信息，不管其来源如何，在格式上应一致。针对计算机具有对信息输入输出有严格要求的特点，对各类信息规定相应的格式标准，并进行编码处理，既有利于信息的收集和处理，也有利于使用。

3. 加强专业队伍建设

计算机应用于林业企业管理是一项全新的工作，必须建立一支专业队伍。这里的专业队伍是指系统设计和操作使用系统的各类人员，而不仅仅指计算机工作人员。经常地对专业人员进行培训，提高其素质，建立一支精通计算机硬件和软件、既懂计算机又懂管理的专业队伍，是保证计算机在林业企业管理中成功运行、真正发挥作用的重要条件。

4. 必要的物质条件

建立计算机辅助林业企业管理系统需要投入一定的资金，用于购买计算机、终端设备以及网络通信设备等。林业企业在进行投资决策时，要优先保证建立计算机辅助企业管理系统的资金需要。

第六章 现代林业的生态建设与管理

第一节 现代林业的生态环境建设发展战略

一、林业生态环境建设发展战略的指导

（一）林业生态环境建设发展战略的指导思想

建立以生态环境建设为主体的林业发展战略，总的指导思想可以表述为：适应时代的要求，以环境与发展为主题，从我国林业的实际出发，以满足社会对林业的多种需求为目的，以可持续发展理论为指导，以全面经营的森林资源为物质基础，以突出生态环境效益，实现生态、经济和社会三大效益的统一和综合发挥为目标，以科教兴林为动力，以建立林业的大经营、大流通大财经为重点，以分类、分区、分块经营和重点工程建设为途径，以系统协同为关键，确立和实施以生态环境建设为主体的新林业发展战略，实现我国林业的跨越式发展。

1.适应时代的要求

林业的发展必须跟上时代的步伐，建立新的林业发展战略必须适应当今时代特征的要求。当今时代的主要特征体现在以下方面。

①知识经济初露端倪，"新经济"时代已经来临。知识经济是建立在知识生产和消费基础上的经济，是低消耗、高效益的经济，高技术和信息产业将在经济中占主导地位；而"新经济"就是由一系列的新技术革命，特别是信息技术革命所推动的经济增长。以知识经济为基础的新经济，正在改变社会的生产和生活方式，突破了传统体制的束缚，促进着包括林业在内的经济社会的持续、稳定和协调发展。

②经济全球化。经济全球化是经济国际化的高级形式，意味着国际上分散的经济活动日益走向一体化。其基本特征就是国际生产和功能一体化，它不仅表现在市场、消费形式和投资上，也表现在对森林与环保的关注上。知识经济（新经济）与经济全球化是相互作用，相互促进的。

③市场经济和现代林业。我国已实现了由计划经济体制向社会主义市场经济体制的根本性转变，并还在逐渐完善中；我国林业正在由传统林业向现代林业转变。建立以生态

环境建设为主体的新林业发展战略时必须与这些时代特征相适应。

2.以环境与发展为主题

环境与发展是当今国际社会普遍关注的重大问题。保护生态环境，实现可持续发展已成为全世界紧迫而又艰巨的任务，直接关系到了人类的前途和命运。1992年召开的联合国环境与发展大会通过了《里约环境与发展宣言》《21世纪议程》《关于森林问题的原则声明》等重要文件，并签署了《联合国气候变化框架公约》《生物多样性公约》。这充分体现了当前人类社会可持续发展的新思想，反映了各国关于环境与发展领域合作的共识和郑重承诺。我国据此精神于1994年率先制定了《中国21世纪议程》，并将其作为制订国民经济与社会发展长期计划的指导性文件。

森林是实现环境与发展相统一的关键和纽带，这已成为当今国际社会的普遍共识。林业肩负着优化生态环境与促进经济发展的双重使命，在实现可持续发展中的战略地位显得越来越重要。1995年林业部又率先制订了我国第一个21世纪议程专项行动计划——《中国21世纪议程林业行动计划》，成为指导我国林业中长期发展计划的指导性文件。建立以生态环境建设为主体的新林业发展战略，必须紧紧扣住环境与发展这一主题。

3.以满足社会对林业的多种需求为目的

发展林业的根本目的是满足社会需求。社会对林业的需求是多方面的，不仅有对木材和其他有形林产品的需求，还有对森林生态服务这种无形产品的需求。当前经济社会发展对生态环境的要求越来越高，对改善生态环境的要求越来越迫切，生态环境需求已成为社会对林业的主导需求。建立新的林业发展战略，必须充分体现满足社会对林业的多种需求的要求，把培育、管护和发展森林资源、维护国土生态安全、保护生物多样性和森林景观、森林文化遗产等生态环境建设任务作为林业的首要工作和优先职责，力争21世纪中叶建立起生态优先、协调发挥三大效益的比较完备的林业生态体系和比较发达的林业产业体系。

4.以可持续发展理论为指导

可持续发展思想是20世纪留给我们的最可宝贵的精神财富，它反映了全人类实现可持续发展的共同心愿，推动了可持续发展理论的产生和发展，对经济社会发展具有重大的指导作用。可持续发展理论较之传统经济增长理论有了质的飞跃，它不仅包含了数量的增加，还包含了质量的提高和结构的改善。它不仅在空间地域上考虑了局域利益，还考虑了全域利益；不仅在时间推移上考虑了当代人的利益，还考虑了后代人的利益；不仅考虑了个别部门、个别行业单位、个别活动的利益，还考虑了所有部门、所有行业单位、全部活动的利益。它是多维全方位发展和系统场运行理论，不产生系统外部的不经济性与不合理性。在这一理论指导下，林业的可持续发展或可持续林业应该是在对人类有意义的时空活动，尺度上不产生外部不经济性、不合理性的林业，是在森林永续利用理论基础上的新发展和质的飞跃。因此，在建立新的林业发展战略时必须承认可持续发展理论的指导地位。

此外，建就以生态环境建设为主体的新林业发展战略的理论基础是多方面的，是一个庞大的理论体系。新林业发展战略还必须接受邓小平理论、"三个代表"重要思想、社会主义市场经济理论、系统理论、生态经济理论，以及现代林业理论等的指导。生态经济，特别是森林生态经济理论，是生态与经济的耦合理论，是以生态利用为中心，综合发挥森林的生态、经济、社会三大效益的理论；现代林业理论是建立在森林生态经济学基础之上的林业发展理论，它是可持续发展理论在林业发展上的具体化，是在满足人类社会对森林的生态需求基础上，充分发挥森林多种功能的林业发展理论。它们对以生态环境建设为主体的新林业发展战略具有直接的和具体的指导作用。

5.以全面经营的森林资源为物质基础

森林是陆地生态系统的主体，森林资源是陆地森林生态系统内一切被人类所认识并且可供利用的资源总称，它包括森林、散生木（竹）、林地以及林区内其他植物、动物、微生物和森林环境等多种资源。森林资源是林业赖以存在和发展的物质基础，林业承担着培育、管护和发展森林资源，保护生物多样性、森林景观、森林文化遗产和提供多种林产品的根本任务，其中第一位的或处于基础地位的是培育、管护和发展森林资源，不完成这一任务，其他任务都无从完成。因此，建立以生态环境建设为主体的新林业发展战略时，必须清楚地认识到森林资源经营的基础地位。

同时，又必须充分地认识到，森林资源是由多种资源构成的综合资源系统，林木资源虽然是其主体资源，但又远不是森林资源的全部，除林木资源以外的其他资源，不仅具有重要价值且大量存在，不予开发利用是一种巨大的浪费，而且它们又是森林生态系统的重要有机组成部分，不管护和经营好这些资源也绝不能真正搞好森林生态环境建设，形成稳定、高效、良性循环的森林生态系统。以往长期搞单一林木资源和单一木材生产的林业带给我们的是资源危机、经济危困、生态恶化，教训是惨痛的，不能不深刻汲取。因此，在建立以生态环境建设为主体的新林业发展战略时又必须清醒地认识到要以全面经营的森林资源为物质基础，绝不能再走单一经营的老路。

6.以突出生态环境效益，实现生态、经济和社会三大效益的统一和综合发挥为目标

森林具有多种功能，通过维持和不断增强森林的多种功能，林业能够给社会创造生态、经济和社会三大效益，这是国民经济和社会发展的客观需要，也是林业存在和发展的目的所在。林业的生态、经济和社会三大效益构成了一个复杂的系统。一方面，三者并非彼此孤立的，而是相互联系、相互渗透、相互依存的。一片森林同时具备这三种功能，存

在三种效益，不可能将它们截然分开。我们只是为了从不同角度去认识其特殊性才将它们加以划分。另一方面，在一定条件下，三者又是有矛盾的。有生命的林木资源及附属的生物资源，不开发（采伐、采集等）利用时，虽然能持续发挥生态效益，但却不能有效地发挥经济效益；如果将其采伐（采集等）利用了，虽然发挥了经济效益，但同时也就削弱甚至丧失了生态效益。若更多地追求保护森林景观、提供就业机会等社会效益，也会对经济效益产生不利影响。因此，三大效益实质上是对立统一的关系。

存在三大效益并不等于就发挥了三大效益，虽然依靠自然力的作用，森林资源可以自发发挥一定的效益，但更大的人力干预作用，可以自觉保持和不断增强森林发挥三大效益的能力，这也是为什么要有林业生产经营活动的内在理由。人们进行林业建设时，就是要从满足社会对林业的多方面需要出发，更有效地发挥三大效益，并且将三者统一起来，从社会整体利益出发综合发挥好三大效益。要发挥人的聪明才智、知识的力量，充分认识、认真遵从并能动地驾驭和运用自然规律、经济规律和社会规律，从满足社会需要的角度实现人力和自然力的有效结合。首先，要能将三大效益有效地发挥出来；其次，要将矛盾的三大效益统一地发挥出来；最后，要将三大效益协调地以合理结构综合发挥出来。

三大效益的统一和综合发挥，并不是三大效益平均地发挥。在三者中，生态效益是第一位的，一是因为生态环境需求已是社会对林业的主导需求，二是因为没有生态效益，其他效益就失去了根基，因此在建立新的林业发展战略时，必须在突出生态环境效益的基础上，实现三大效益的统一和综合发挥。另外，在具体对待上，不同类型又要各有侧重，比如防护林体系建设、自然保护区建设等公益林建设就要以生态、社会效益为主综合发挥三大效益；商品用材林基地建设就要以经济效益为主综合发挥三大效益，但即便是后者也要贯彻生态优先原则，在不损害生态系统良性循环的前提下追求最大的经济效益。

因此，在建立新的林业发展战略时必须以突出生态环境效益、实现三大效益的统一和综合发挥为目标，否则就会迷失前进的方向。

7.以科教兴林为动力

科技是第一生产力，科教兴国是我国的一项基本国策。林业新战略的建立和实施必须以科教兴林为动力。同时，我们应该看到，开展科技教育，对实施新的林业发展战略，实现林业跨越式发展具有特殊重要的意义。一是林业当前还处于社会主义初级阶段的较低层次，是我国国民建设的薄弱环节，不靠发展科教来提高林业整体素质，不要说跨越式发展，就是要缩小与先进行业的差距也是十分困难的；二是当前林业的增长方式基本还属于粗放型，集约度低，林业科技贡献率仅为27.3%，林业从业人员技术和文化素质不高，大专以上文化水平的人员仅占7%～8%；三是林业的生态建设任务相当繁重，林业的两大体

系建设涉及的领域非常宽，林业的三大效益间的关系十分复杂，林区的自然地理和社会经济条件较差，对科技教育的需求，不仅是多方面和多层次的，还是十分强烈和迫切的。必须针对林业特点发展数字林业、计算机技术、信息技术、网络技术、遥感技术、生物工程（包括遗传工程、转基因工程新材料与新能源）等高新技术，通过多渠道、多形式、多层次办教育，提高全行业素质。

8.以建立林业的大经营、大流通、大财经为重点

建立以生态环境建设为主体的新林业发展战略，必须打破传统的林业经营、流通和财经体系，弥补生态产品、生态成本的缺位，把生态优先的原则落到实处。要采取新的大经营、大流通、大财经战略，建立林业的大经营、大流通、大财经体系。具体讲，一是在生态优先的前提下，统一、综合经营森林的有形物质产品和无形生态产品，统一、综合经营森林多种资源，统一、综合经营森林生态经济社会系统，实行全民、全社会、全方位经营，采取以生态环境建设为主体的林业大经营战略。二是采取以生态环境建设为主体的林业大流通战略，统一、综合组织森林有形物质产品和无形生态产品的流通，实行两大产品、两大市场（有形物质产品市场和无形生态产品市场）和两大循环（资金的市场小循环和社会大循环）的耦合。三是采取与大经营、大流通战略相适应的以生态环境建设为主体的林业大财经战略，建立新的包含林业全要素的系统财经模式，新的林业多资产（林木和其他森林植物、动物、微生物、水、林地、环境等多种资源资产）的综合核算体系和核算方法，建立林业多元投融资（国家、团体、个人、外资）、多重补偿（社会、直接受益者、公众补偿）体系，构建相应的林业财政、税收、保险综合体系。

9.以分类、分区、分块经营和重点工程建设为途径

建立以生态环境建设为主体的新林业战略的基本途径应该是从社会对林业的多种需求和林业的特点及特殊规律出发，搞分类、分区、分块经营，抓具有带动作用的林业重点工程建设。分类经营，就是瞄准社会不同需求，从森林、林业内在属性的差异性上区分出不同类别，基于不同特点和规律，各有侧重、有主有从、有针对性地加以经营；分区经营，是从森林、林业所处空间地域差异性上区分不同区域，基于地域分异规律，各有侧重、有主有从、有针对性地加以经营；分块经营，是结合分类经营和分区经营，将全国林业分成几大块，基于各自特点，有针对性地、各有侧重地、有效地实行综合经营，以实现分块突破；抓林业重点工程建设，就是根据不同需要，基于林业上述实际，从不同方面，确定一些"航母式"的大型林业重点工程，搞大工程建设，按工程项目管理，充分发挥其带动作用，以大工程带动大发展，使林业以低成本高效率扩张，实现林业超常规跨越式发展。

10. 以系统协同为关键

如前所述，建立以生态环境建设为主体的新林业发展战略的目的是更好地满足社会对林业的多种需求，这就要在优先满足主导需求——生态需求的前提下追求整体效益最佳。各有侧重地进行林业两大体系建设，发挥生态、经济、社会三大效益，分类、分区、分块经营，抓林业重点工程建设是要使我们的工作更有针对性、更有效，但绝不是各自为政、不顾全局地追求各自的局部利益最佳，而必须是各局部利益服从全局利益，各部分目标服从整体目标。按系统论的观点，整体大于部分之和，各子系统最佳并不等于整个系统最佳，各子系统的目标应服从总体系统目标，实质应该是总体系统目标的合理分解，各子系统必须在追求总体系统目标的实现上协同运作，妥善解决各个局部、各构成部分、各个子系统之间的矛盾。因此，在建立新战略上，系统协同就成了关键问题。协同，同样不能各方面孤立地进行，而必须是全方位、全面、全局地系统协同。具体地说，一方面，林业两大体系建设之间要协同，三大效益之间要协同，各类之间要协同，各区之间要协同，各块之间要协同，各重点工程之间要协同；另一方面，大经营、大流通、大财经之间也要协同；再一方面，对两大体系建设目标、三大效益的综合发挥、分类经营、分区经营、分块经营、重点工程建设以及三大战略的运作各方面还要整体综合协同。只有进行这样的系统协同，才能真正有效地建立并实施好以生态环境建设为主体的新林业发展战略。

（二）林业生态环境建设发展战略的设计

按照上述确立以生态环境建设为主体的林业发展战略的指导思想、原则和依据，对林业生态环境建设发展战略做如下设计：

①体现时代特征（新经济时代、经济全球化、环境与发展、社会主义市场经济和现代林业）的要求，并以邓小平理论、可持续发展理论、森林生态经济理论、森林资源经济理论、现代林业理论、社会主义市场经济理论以及系统论为理论指导。

②林业生态环境建设发展战略的基本特征是：林业发展要以生态环境建设为主体，建立战略目标动态体系，包括确立总体系统战略目标并分解落实到各子系统的具体战略目标。

③建立起比较完备的林业生态体系和比较发达的林业产业体系，这是到21世纪中叶林业发展的总体战略目标。

④把以生态环境建设为主体的林业发展总体战略分解为三大战略：大经营战略、大流通战略和大财经战略，即建立大经营、大流通、大财经体系，这是新战略的重点。

⑤森林是陆地生态系统的主体，具有多种功能，决定了林业具有生态、经济和社会三大效益，突出生态效益、综合发挥三大效益是新的林业发展战略追求的满足以生态需求为主导需求的社会多种需求的根本目的。

⑥根据社会需求和林业的自身特点、规律进行林业分类经营，在把森林分成公益林和商品林的基础上将林业划分为公益林业和商品林业，分别按各自的主要目的、特点和规律有针对性地进行建设。体现在林业发展的总体目标上就是林业的两大体系建设以及在各区、各工程上的落实。体现在基于不同起源的森林的不同功能、分布特点和经营利用的主导目的的差异，在对其施以不同工程建设之上，将其划分成人工林建设工程和天然林建设工程，前者以速生丰产用材林基地建设为主要特征，按主导利用纳入林业产业体系建设；后者以天然林保护工程和生态地位重要及生态脆弱地区的公益林建设为主要特征，按主导利用纳入林业生态体系建设。

⑦根据社会需求和森林分布的地域分差特点，林业要分区、划块（区）经营。

a. 按属性划分。将全国林业划分为五大类型区林业。一是林区林业：森林大量分布，以林业为主的区域林业，森林资源属于森林生态系统，林业建设是全国林业建设的重点地区和本地区经济社会建设的主要内容。二是农（牧）区林业：森林适当分布，以农（牧）业发展为主的区域林业，森林资源属于农（牧）区生态系统，林业建设是农（牧）业建设的生态屏障和本地区经济社会建设的重要组成部分。三是工矿区林业：森林适当分布，以工矿业发展为主的区域林业，森林资源属于工矿区生态系统，林业建设是工矿业建设和工矿区经济社会建设的重要组成部分，突出发挥保护和改善生态环境，促进经济社会发展的作用。四是城镇区林业：森林适当分布，以特定城镇发展为特征的区域林业，森林资源属于城镇生态系统，林业建设是城市园林建设和城镇区经济社会发展的重要组成部分，突出发挥着保护改善城镇生态环境，绿化、美化、香化的作用。五是荒漠沙区林业：森林分布稀少，生态环境恶劣、贫穷落后的荒漠区和沙区的林业，森林资源属于荒漠沙区生态系统，林业建设是生态环境建设和本地区经济社会建设的主要组成部分，发挥着改善生态环境、促进脱贫致富的作用，以灌草乔结合，大力种草和植树造林，发展生态公益林和经济林为主要特征。

b. 按分区突破战略划分。根据不同地区的不同情况、分类经营、两大体系建设和国家对各地区林业建设的不同要求，要分区域确定林业建设重点，实行分类指导，分区突破。据此在具体分布上将全国林业划分为四大块区域：一是长江上游、黄河中上游地区。这一地区是我国水土流失最严重、生态环境最脆弱的地区，林业建设的主要任务是发展公益林，并以工程建设的形式来推进。主要措施是对天然林要停止采伐，并采取有效措施严加管理，对宜林荒山荒地要进行造林绿化，尽快恢复林草植被；对陡坡耕地，应有计划、分步骤地退耕还林还草。二是西北北部、华北北部和东北西部风沙干旱地区。这一地区是我国风沙危害最严重的地区，也是我国生态建设的重点地区，林业建设的主要任务是发展公益林，并以工程建设的形式推进，实施以发展林草植被为核心的防沙治沙工程。三是东北内蒙古国有林区。这一地区既是目前我国最大的木材生产基地，又是东北地区主要江河发源地和东北三江平原、松辽平原大粮仓及呼伦贝尔大草原牧业基地的天然屏障，林业建设的主要任务是减少木材采伐，使林区能够有效地休养生息，主要措施是实施天然林保护工程，促进林区从采伐森林转向管护森林，通过休养生息恢复森林资源。四是除上述区域以外的地区。这一地区总体上属于经济相对发达、自然条件比较好的地区，林业建设的主要任务是在加速推进生态建设的同时，大力发展商品林业，以满足国家建设和人民生活的需要。

⑧抓好系统整合后的六大林业重点工程。走以大工程带动大发展之路，实现林业的跨越式发展。一是天然林保护工程，主要用来解决的是天然林资源休养生息和恢复、发展问题；二是"三北"和其他地区重点防护林体系建设工程，主要解决的是"三北"地区的防沙治沙问题和其他区域各不相同的生态问题；三是退耕还林还草工程，主要解决的是重点地区水土流失问题；四是环北京地区防沙治沙工程，主要解决的是首都地区的风沙危害问题；五是野生动植物保护及自然保护区建设工程，主要解决基因保存、生物多样性保护、自然保护、湿地保护等问题；六是重点地区以速生丰产用材林为主的林业产业基地建设工程，主要解决的是我国木材和林产品的供应问题。

⑨高度重视林业生态体系和产业体系，林业大经营、大流通、大财经体系，林业的生态、经济和社会效益、五区四块，人工林建设和天然林建设以及六大林业重点工程相互之间及其内部的协同及林业系统的总体协同。搞好系统协同，这是建立并实施好以生态环境建设为主体的林业发展战略的关键。

⑩必须清醒地认识到，建立和实施林业生态环境建设发展战略要以全面培育、保护和发展森林资源系统作为物质基础；必须从我国国情和林情实际出发，坚持实事求是，走有中国特色的林业发展道路；必须把科教兴林作为根本动力和保障。

二、林业生态环境建设发展战略的具体实施

林业生态环境建设发展战略的提出既体现了联合国环境与发展大会的原则立场，表明了联合国环境与发展大会采取的实际行动，又是社会和经济发展的内在要求和必然选择。战略提出后的关键是实施。要将新林业发展战略付诸实施就必须明确其含义、特点、要素和内容，并遵循一定的原则，确定正确的总体框架和具体措施，建立科学的调控体系和政策保障，还要在整个实施过程中做好评价工作，及时发现问题，调整方向，只有这样，才能有效地实现新林业发展战略的目标。

（一）林业生态环境建设发展战略实施的过程及要点

1.林业生态环境建设发展战略实施的过程

（1）林业生态环境建设发展战略的发动

以生态环境建设为主体的大经营、大流通、大财经的三位一体的林业发展战略体现

了全民、全社会、全方位保护、发展、利用森林资源，改善生态环境，促进经济发展的强烈意志和愿望。该战略的实施过程首先是一个全民、全社会的动员过程，是具有中国特色的"群众运动"。要搞好新战略的宣传教育和培训，使全民、全社会对此有充分的认识和理解，帮助他们认清形势，看到传统林业发展的弊病，看到新林业发展战略的美好前景，切实增强实施新林业发展战略的紧迫感和责任感。要用林业发展战略的新思想、新观念、新知识，改变传统的思维方式、生产方式、消费方式，克服不利于林业发展战略实施的旧观念、旧思想，从整体上转变全民、全社会的传统观念和行为方式，调动起他们为实现林业发展战略的美好蓝图而努力奋斗的积极性和主动性。搞好动员是林业发展战略实施的首要环节。

（2）林业生态环境建设发展战略的规划

林业生态环境建设发展战略规划是将林业视为一个整体，为实现林业发展战略目标而制订的长期计划，这是林业发展战略实施的重要一环。林业发展战略总体上可以分解成几个相对独立的部分来实施。即两大产业体系（林业生态体系和林业产业体系）；两大工程（天然林保护工程、人工林基地建设工程）；三大经营管理体系（大经营、大流通、大财经）；五大区域（林区、农牧区、工矿区、城镇区、荒漠沙区）。每个部分都有各自的战略目标和相应的政策措施、策略及方针等。为了更好地实施新林业发展战略，必须制订战略规划。新林业发展战略的规划是进行战略管理、联系和协调总体战略和分部战略的基本依据；是防止林业生产经营活动发生不确定性事件，把风险减少到最低的有效手段；是减少森林资源浪费、提高其综合效益的科学方法；是对新林业发展战略的实施过程进行控制的基本依据。

（3）林业生态环境建设发展战略的落实

林业发展战略落实是该战略制定后的重要工作，离开了战略落实，战略制定只能是"纸上谈兵"，所确定的战略目标根本无法实现，而离开了战略目标，战略落实也会失去方向，陷入盲目性，严重的会影响到林业的可持续发展。林业生态环境建设发展战略的落实应当包括建立组织机构、建立计划体系、建立控制系统、建立信息系统。

（4）林业生态环境建设发展战略的检查与评估

林业发展战略拟解决战略的系统结构、各子系统战略间的联系与协同、战略目标动态体系或动态战略目标集等关键问题，这些问题是复杂多变的，只有在林业生态环境建设发展战略的实施过程中加强对执行战略过程的控制与评价，才能适应复杂多变的环境，完成各阶段的战略任务。

2. 实施林业生态环境建设发展战略的要点

林业生态环境建设发展战略通过对林业发展战略演变的历史分析，明确调整了战略和确定了新战略的必要性和迫切性。联系中国国情、林情，该战略对于实现国民经济和社会的可持续发展，人口、资源、环境的协调发展以及正确确定林业在国民经济中的地位和作用，具有重要的理论意义和现实意义。所以，对林业生态环境建设发展战略实施的要点必须有一个明确的认识。

（1）核心问题是发展林业，关键问题是以生态环境建设为主体

林业生态环境建设发展战略运用邓小平"发展才是硬道理"的理论，把加快林业发展作为战略的核心。如何发展林业，必须根据国情、林情，制订出切实可行、行之有效的方案、步骤和措施，而突出以生态环境建设为主体则是林业发展战略实施的显著特色。

（2）应将人口、资源、环境和社会、经济、科技的发展作为一个统一的整体

中国庞大的人口基数和每时每刻新增的大量人口给经济、社会、资源和环境带来了越来越大的压力，这是新林业发展战略实施必须面对的问题。要通过大力发展教育，提高人口质量，妥善解决好这一问题，使人口压力变为新林业发展战略实施的人力资源优势。新林业发展战略的实施不仅要注意到经济、社会、资源、环境的相互关系与相互影响，还要充分考虑到如何在经济和社会发展过程中利用科技力量很好地解决对资源和环境的影响等问题。

（3）应从立法、机制、教育、科技和公众参与等诸多方面制订系统方案和采取综合措施

加快社会经济领域有关林业的立法，完善森林资源和环境保护的法律体系；加快体制改革，调整政府职能，建立有利于林业发展的综合决策机制、协调管理运行机制和信息反馈机制；优化教育结构，提高教育水平，加大科技投入，推广科研成果，创造条件鼓励公众参与新林业发展战略的实施，这些都是不容忽视的重大问题。

（二）林业生态环境建设发展战略实施的内容

林业生态环境建设发展战略实施的内容包括：建立组织系统、建立计划系统、建立控制系统、建立信息系统四个方面。

1.建立组织系统

林业生态环境建设发展战略是通过组织来实施的。组织系统是组织意识和组织机制赖以存在的基础。为了实施林业生态环境建设发展战略，必须建立相应的组织系统。建立的基本原则是组织系统要服从新战略，其是为新战略服务的，是实施林业生态环境建设发展战略并实现预期目标的组织保证。

建立组织系统要根据林业生态环境建设发展战略实施的需要，选择最佳的组织系统。系统内部层次的划分，各个单位权责的界定、管理的范围等，必须符合林业生态环境建设发展战略的要求。要求各层次、各单位、各类人员之间联系渠道要畅通、信息传递要快捷有效，整体协调好、综合效率高。

2.建立计划系统

林业生态环境建设发展战略实施计划是一个系统。系统中各类计划按计划的期限长短可分为长期计划、中期计划和短期计划；按计划的对象可分为单项计划和综合计划；按计划的作用可分为进入计划、撤退计划和应急计划。上述种种计划，在林业生态环境建设发展战略实施中都要有所体现。在建立林业生态环境建设发展战略实施计划系统中，一定要明确战略实施目标、方案，确定各阶段的任务及策略，明确资源分配及资金预算。建立计划系统是一个复杂过程。只有认真地建好这一系统，才能保证战略的有效实施。

3.建立控制系统

为了确保林业生态环境建设发展战略的顺利实施，必须对战略实施的全过程进行及时、有效的监控。控制系统的功能就是监督战略实施的进程，将实际成效与预定的目标或标准相比较，找出偏差，分析原因，采取措施。建立控制系统是林业生态环境建设发展战略实施的必然要求。因为在林业生态环境建设发展战略实施过程中，其所受的自然、社会因素影响非常复杂，使战略实施的实际情况与原来的设计与计划存在着种种差异，甚至是很大的差异。如果对这种情况没有进行及时的跟踪监测和评价分析，而是在发现偏差后才采取相应的对策，林业生态环境建设发展战略的实施将会无法保证。

4.建立信息系统

林业生态环境建设发展战略实施的全过程都离不开信息系统的支持，在林业生态环境建设发展战略实施的每一个环节、每一个行动都必须以信息作为基础，否则就会如同"盲人骑瞎马"一样，无法把握好方向。同时在新战略实施的过程中，每一个方面都会产生出相应的信息，如果不能及时地反馈这些信息，不做出科学的分析和正确判断，不及时采取有效的措施，那么想使战略的实施始终保持最佳的状态是不可能的。

（三）林业生态环境建设发展战略实施的环境和框架

1.林业生态环境建设发展战略实施的环境

以生态环境建设为主体的林业发展战略是国民经济和社会可持续发展对林业的基本要求，也是真正实现林业可持续发展的必由之路。林业生态环境建设战略的有效实施必须有良好的社会政治环境和经济技术环境做保证。

（1）林业生态环境建设发展战略实施的社会政治环境

林业生态环境建设发展战略实施的社会政治环境是指以生态环境建设为主体的林业发展的社会政治因素，以及对森林的价值取向和由此引发的因素，个人对生态林业发展的态度，以及政府对林业发展的制度设计。人口数量不断增长，人民生活水平不断提高，人类对各类林产品及森林生态系统的环境服务需求也在不断扩大，这不仅要求林业提供越来越多的林产品，还要求林业对退化的生态系统进行改造、重建，维持森林生态系统的完整性，社会政治环境正是通过上述影响来促进林业不断发展的。林业生态环境建设发展战略突出的问题是以生态环境建设为主体以及林业生态环境建设发展战略的实施，其需要与社会政治环境相协调，取得政府和公众的积极支持和参与，使以生态环境建设为主体的林业发展战略有一个适宜的、良好的外部环境。

（2）林业生态环境建设发展战略实施的经济技术环境

林业生态环境建设发展战略实施的经济技术环境是指林业生态环境建设发展战略实施过程中所依赖的经济条件与技术体系所构成的综合环境。从经济方面考虑，林业的地位和作用取决于国民经济发展水平，较低的经济发展水平和综合国力自然要求林业侧重发挥经济功能。没有坚实的经济基础，实施以生态环境建设为主体的林业发展战略就会有很大的难度。根据目前我国林业发展的形势，要想优先突出生态环境的建设，就必然需要以巨额的资金作为保证。近年来，由于我国经济发展比较稳定，十大林业生态体系建设工程陆续付诸实施。从技术方面来看，林业科学技术的发展，不仅可以提高林业生产力，还可以极大地提高林业综合开发能力，促进生态功能的发挥。因此，建立以生物工程技术为基础的育林技术体系，以森林生态系统经营为核心的现代林业管理决策体系，以及以林产品深加工为主的利用技术系统对于促进林业生态环境建设发展战略的实施具有特殊重要的意义。

2. 林业生态环境建设发展战略的实施框架

林业生态环境建设发展战略的实施是一个复杂、长期、动态的系统工程。它需要纳入国民经济和社会发展的综合规划和计划，需要国家相关的立法、政策、措施的支撑，需要社会舆论的支持和公众的积极参与。在以生态环境建设为主体的林业发展战略的实施过程中，须将实施的内容通过不同的层次和不同的方式来具体体现，以形成新战略的实施框架。

（1）林业生态环境建设战略实施的三个层次

从总体上看，林业生态环境建设发展战略的实施按层次表现可分为三个层次。

①中央政府（国家）是实施的主导。中央政府对新战略实施要发挥综合引导和多方协调的作用。为此，国务院应成立专门的领导小组，成员由国务院有关部、委、办、局组成，下设领导小组办公室（办公室可设在国家林业局）。林业生态环境建设发展战略实施工作受领导小组的直接领导。战略实施过程中有关具体事项由领导小组办公室具体组织。

②地方政府是林业生态环境建设发展战略实施的关键。实施林业生态环境建设发展战略的重点在地方，地方政府要充分考虑本地区的实际情况，针对本地区社会、经济、人

口、资源、环境等具体情况，制订具体的可操作的行动计划。同时，地方政府也要成立类似国家实施新战略的专门领导小组和办公室，有的地方还可以突出实施新战略中的优势项目，建立项目领导协调小组。地方政府在实施林业生态环境建设发展战略过程中，要根据战略总目标，结合本地区实际特点，负责编制当地的发展规划，筛选地方的优势项目，并将其纳入地方政府和社会经济发展计划，培训林业生态环境建设发展战略实施的专业技术人员，做好地区内外的信息交流。

③社区、企业和团体是林业生态环境建设发展战略实施的主体。实施林业生态环境建设发展战略时，要充分认识到社区和企业所起的重要作用，也要充分认识到公众和社团参与的重要性。只有如此，才能体现出全民、全社会、全方位的以生态环境建设为主体的林业建设，才能实现林业生态环境建设发展战略各阶段的各项目标。

（2）林业生态环境建设战略实施的四个方面

从宏观上看，林业生态环境建设发展战略实施主要有以下四个方面：

①将林业生态环境建设发展战略实施的基本内容系统地体现在各级政府的国民经济和社会发展规划和计划之中。众所周知，国民经济计划是各级政府进行宏观调控的主要手段，必然也是推动新林业发展战略实施的基本措施。在全国林业规划的基础上，国家有关部门和各地区也要分别制订本部门、本行业、本地区实施新林业发展战略的行动计划或战略安排，并将其纳入各有关部门和各地区的发展规划和计划中，以保证林业生态环境建设发展战略的实施有条不紊、富有实效。

②加强有关林业生态环境建设发展战略实施的立法工作。从1994年开始，全国人大和国务院在制定新的法律法规的同时，修订了大量的法律、法规。这些法律法规大都将社会和经济的可持续发展作为立法的基本原则，并将资源（以森林资源为主）和环境（以生态环境为主）保护等作为具体条款。1997年修改后的《中华人民共和国刑法》专门增加了若干污染环境、破坏资源的刑事处罚条款。可以说，目前已初步形成了与实施林业生态环境建设发展战略相关的法律法规体系。不断补充、修订、充实、完善与以生态环境建设为主体的新林业发展战略相关联的法律法规，不断健全执法机构，加大行政执法力度，加强社会和公众的监督，对林业生态环境建设发展战略的实施将起着积极的推动作用。

③加强林业生态环境建设发展战略的宣传和教育，促进公众参与。实施林业生态环境建设发展战略，各级政府和有关部门要举办各种类型的培训班，提高认识，中小学教材中应增加爱林护林、保护生态环境的内容，大专院校、科研院所应开展生态、环保方面的科学研究，新闻媒体应展开一系列的与林业生态环境建设发展战略相关的宣传活动，诸如全国绿化日、水日、气象日、卫生日等。这些活动的开展对于提高全民、全社会的生态意识和造林绿化意识，促进公众参与实施林业生态环境建设发展战略有非常重要的意义。

④寻求实施林业生态环境建设发展战略的国际合作，建立示范项目。为了利用国际

社会在生态林业领域中的先进经验和技术，更好地指导我国林业生态环境建设发展战略的实施；派出去，请进来，积极寻求国际合作，进而建立一批示范项目，这对于加快林业生态环境建设发展战略的实施具有重要作用。

（四）林业生态环境建设发展战略的调控系统

所谓林业生态环境建设发展战略的调控系统，是指按照社会主义市场经济的要求，政府主要通过综合经济部门和林业主管部门，运用经济、法律和必要的行政手段，采取统筹规划、制定政策、信息引导、组织协调、健全法制、提供服务、监督检查等基本措施，以指导林业生态环境建设发展战略沿着既定目标发展的系统。

为了有效地实现林业生态环境建设发展战略的目标和任务，必须根据国情、林情，制定出切实可行、行之有效的调控系统。该调控系统从具体指导的领域和范围来看，可以划分为中央政府综合部门、林业主管部门、地方政府三个调控系统。

第二节 现代林业生态建设的关键技术

一、优良种质资源开发利用技术

良种的选育与驯化是林业生态建设的基础，林木良种选育与驯化研究工作应以"高碳汇树种、强抗逆树种、观赏保健树种"为主攻方向，运用"分子生物学、基因工程、核技术、航天技术"等手段，以乡土树种为主资源，选育出富有特色的"高碳汇树种、抗气体污染良种、抗土壤污染良种、耐旱低耗水良种、防风固沙良种、降解城市热岛效应的散热良种、观赏保健树种"。乡土树种在抗逆性研究中具有一定的优势，可作为首选材料树种，同时为了不致树种过于单一、病虫害蔓延、生物多样性下降，还应该拓宽树种选择范围。应着重做好下列工作：

（一）组织开展对乡土树种种质资源的清查

在以前种质资源清查工作的基础上深入系统清查，进一步摸清家底，使更多的优良乡土树种及种内的优良群体和个体被认识、被挖掘，为乡土树种种质资源的有效保存和合理利用提供实物基础和技术依据。

（二）开展高功效绿化植物材料选择与推广

应根据不同区域的地理气候条件，有目的地开展树种生态防护效能研究，选择高效能生态树种。同时，开展不同繁殖材料生态特性、景观效果差异性研究，根据城市森林培育目标，选择和推广优良繁殖材料。据观察，雪松、悬铃木等常见绿化树种的扦插苗与实生苗所形成的树木，其形态特性有所不同。同一树种扦插苗与实生苗形成的林木相比，生命力较弱、寿命较短，同时扦插苗的林木树冠较不完整，叶量较少，形态上也不如实生苗的美观，因此，城市中的绿化苗应尽量采用实生苗，同时还要加强对林木不同繁殖材料的特性研究，为城市绿化提供优质材料。

建立乡土树种种质资源库，研究不同树种保存方式。根据资源繁殖方式和种子类型的不同及群体变异的自然规律，研究选择就地保存、迁地保存、离体保存（包括种子储藏和组织培养，其中后者又包括培养物的反复继代培养和超低温保存）、基因文库保存（包括叶片或其他组织的液氮保存，珍稀野生濒危具有特殊性状种质资源DNA的提取分离与保存及其他形式或植物基因材料的保存）等；研究不同乡土树种种质资源分类保存的样本策略。

森林遗传资源保存与评价、管理与利用的技术体系有遗传多样性测定技术、表型多样性测定技术等。

生物技术在乡土树种种质资源研究中的应用包括：

①乡土树种种质鉴定与群体遗传研究。

②物种品种亲缘关系分析。应用分子标记进行亲缘关系分析，在分子水平上阐明生物系统演化及分类情况，为育种亲本的选配和种质资源的合理有效利用提供依据。

③数量性状的基因定位（QTL）与分子遗传图谱构建。构建林木遗传连锁图谱，对控制林木重要经济性状（如树高、胸径、材积、材质）、生物胁迫和非生物胁迫的基因进行数量性状和质量性状的QTL定位，为分子标记辅助选择育种奠定基础，从而使林木早期选择成为可能。

④林木遗传改良。用可施以操作的标志基因或DNA片段，通过连锁分析，来标记不能直接识别的微效基因组，从而对这些基因加以鉴别和选择；通过树木个别或几个有利基因识别、分离或合成克隆，利用分子生物技术将其转移到目标树木的基因组中，产生特定转基因树木，加快林木数量性状的育种速度。

⑤分子标记辅助育种。将分子标记技术应用在杂交亲本的选配、杂种实生苗的早期预选、染色体片段的去向追踪、遗传转化中目的基因的检测、多个抗病性状的同时筛选等及对病原菌群体分化的遗传分析上，建立分子标记辅助选择系统，使亲本的选配更具可控性，一些不易区分的性状通过间接选择来达到目的，同时还可对其杂交后代进行早期选择与预测，从而加速育种进程。

⑥珍稀、优良乡土树种的发掘及繁殖技术研究。在基本摸清全市乡土树种资源的基础上，筛选出具有较高经济和科研价值的优良乡土树种，并根据其生物学及生态学特性，进行繁殖技术研究。

⑦加速优良乡土树种的培育。在收集、保存评价鉴定的基础上，积极挖掘和扩大育

种范围，针对抗逆性强的生态乡土树种、速生丰产乡土树种、优质经济乡土树种，开展育种科技攻关，培育优良乡土树种或品种，以用于生产，产生效益。

良种工程化扩繁技术主要包括确定主栽树种的抗旱、抗瘠薄种源和优良的供种群体；各种高抗逆性良种特点和相应的有性或无性繁殖丰产技术；规模化工程化扩繁技术等，建设现代化苗木生产基地，组织培养、容器育苗、常规育苗等工厂化、产业化、规模化育种壮苗培育技术及苗木培育，提供林业生态工程建设要求的良种壮苗。

二、景观生态林的优化配置与持续经营技术

城市林业生态建设的最终目标是建立"健康、稳定、高效、优美"的城市森林，根据城市定位，要加快研究"景观优美的风景林、健康舒适的游憩林、结构科学的防风固沙水土保持林、功能强大的水源涵养林、功能效益相宜的农林复合林"的配置技术。通过森林抚育、封山育林、定位观测、跟踪调查、示范示范等研究，系统提出各种功能区的低质林更新改造技术，系统提出增加地表覆盖、改善土壤理化性质、提高土壤缓冲容量的综合措施；把低质低效森林植被尽快转化为系统结构稳定、功能高效的生态防护林或风景游憩林。完善成套综合植被建设改造技术，提高低质低效森林植被的防护与景观功能，系统提出植被定向恢复技术。

（一）风景林优化配置

研究符合人文景观要求的林木景观空间格局配置；突出城市绿化的防护林局部区段个性化，特殊区段的功能性，以研究建设生态城市、开展节水型城市绿化工程为特色；以通过研究树种混交的空间结构来实现城市绿化的最佳景观配置为特色。林木景观优化配置和功能优化配置即研究不同特点通道、城郊区域的林木景观优化配置、功能优化配置。体现城市特色、四季美观、文化休憩和生态多功能。如聚居区周边的防风滤尘减噪绿化配置；高速通道两边的隔音滤尘绿化配置；典型通道的标志性林木景观配置（如假设有银杏大道、金柿走廊等）；城郊厂区周边（特别是垃圾处理区）的绿化隔离配置等。

林分结构配置：贯彻人工林近自然管理和模式林业的理念，研究各个主要造林树种的混交方式、混交方法和混交比例，既研究不同树种间的相容性，又讲究树种搭配的景观功能，主要包括研究常绿树种与落叶树种的搭配；不同生长节律（早期速生型与后期速生型）树种的搭配；不同林冠特点（林冠松散与紧束、窄冠与宽冠、圆锥、倒卵形与柱形等以及枝叶的坚硬与柔顺、叶量的多与少、花期与秋叶色彩等）树种的搭配；不同根型（深根型与浅根型）树种的搭配；不同营养吸收特点（嗜氮型和嗜磷型）树种的搭配等。

（二）游憩林优化配置

要建立树种耗水量与水分利用系数的关系表，简化耗水量复杂的计算方法，以供生

产单位直接使用；在水分环境容量分析的基础之上，建立主要树种的水分生长模型，以水量平衡为基础的水分——林分密度控制模型；通过优良树种的选育，研究示范各种不同特色的健康舒适的游憩林配置技术。这些以改善环境、发挥林木生态功能为主的人工林，其树种选择、结构配置、抚育管理、持续经营等技术都是亟待研究的新课题。根据城市的自然条件和文化资源，建设多树种、多层次、多景观的城市森林，建设集绿色通道、休闲度假和科学普及教育等为一体的绿色城市绿岛，形成人文与自然交融的秀丽景色，力求景观优美、气势浑厚，设计方案个性化突出，注重植物的空间立体配置、季相配置、色彩配置。

进一步优化筛选出通道主要绿化造林树种、确定主要树种的耗水特性和适宜造林密度，探索适应未来缺水城市的工程集水造林营林技术、景观优化的林种和树种多功能配置及树种搭配，建立符合地区绿化要求的景观格局分析模型，从建立景观格局分析模型入手，探寻符合未来林业发展特色的城市风景林建设模式和绿化空间配置模式。

（三）农林复合经营系统

农林复合经营已成为生态农林业和观光农业的主要内容，是与农田防护林、防风固沙林、经济林果紧密结合的重要城市森林经营类型。农林复合经营研究应集中在以下方面：

①适合农林复合经营的优良树种的选用和培育，尤其是加强选育占地少、不胁地、防护效果好、经济效益高的多用途树种方面的研究。

②选择最合理的农林复合经营系统的组合。不但要根据各地建立这一复合经营系统的目的和具体立地条件与社会经济条件，还要根据树种和混作的各种农作物及参与系统的养殖牲畜的特性来确定相适宜的成分和结构，尤其不可忽视这些成分之间的互助共生、生化相克的作用，协调林木和农作物之间的水分关系和养分关系，以及整体的经济效益和生态效益。完成植被建设优化模式（包括退耕还林还草、林农药、林草复合经营等）研究，为退耕还林还草等工程和该地区长期的科学经营提供技术支撑，尤其要注意提供木本豆科饲料树种栽培理论与技术方面的研究。

③不同农林复合经营系统相应的实施方案的研究。每一个农林复合经营系统都应置于地区整体规划之中，其中包括对自然条件的调查、环境的评定、计划的实施和设计及相应的组织机构等。

三、困难立地造林绿化和低质林改造技术

（一）防风固沙林

研究以生态经济林园区建设为突破口，形成网、带、片相联结，乔灌草相结合的防

护林配置技术，使得沙地合理利用和保护村镇环境安全，实现生态效益优先、景观美化效果突出、经济效益明显的可持续发展管理模式目标。

研究乔、灌、草合理结构设计，兼顾景观建设和植物色彩季相变化，加大地表防尘防沙生物覆盖技术应用，最终形成沿河绿色廊道景观的配置技术。

研究以局部整地、土壤改良、物理压沙、结合困难立地造林技术和喷播技术为主的乔灌藤草立体配置的治理模式；研究以保护为主，适当种植一些水生植物，如芦苇、蒲蓬草、荷花等进行改造的洼地治理模式，形成沙石坑和洼地植被配置技术。

荒滩的治理技术研究：荒滩包括石砾滩和砂砾滩。研究如何以植灌或播草为主，结合营造防风固沙林，在水、土、热条件适宜的地方，适当建设一定数量的生态经济林，形成乔灌草相结合的生态经济防护体系。

加大防风固沙林配置技术中的研究：沙漠化过程中自然与人为影响因素指标的确定与量化方法；多场耦合的近地层风沙流运动力学模型；土壤风蚀因子参数化及风蚀容忍量的确定；沙地植被受损与恢复的动因及其稳定性机理。

防风固沙林中综合运用抗逆树种筛选技术、土壤改良技术、困难立地造林技术、生物材料地面覆盖技术、高效节水技术等，选择抗风沙、耐干旱、耐瘠薄、低耗水树种，营造以水分平衡为基础的高覆盖度的乔灌草混交防风固沙林体系。

各类型区可以根据实际情况，因地制宜地进行适当的乔灌草、灌草或乔草的有机结合，以充分发挥其防风固沙功能。

乔灌草不同配置模式的防护功效及景观功效是既能防止风沙危害，又能成为居民游憩观光景点。

（二）水土保持林

通过模拟实验重点建设固定式径流泥沙实验系统、大型可移动式人工降雨模拟系统等研究设施，利用山坡水文学、河流泥沙运动学、土力学的理论和方法，研究降水、径流、侵蚀产沙、泥沙搬运、沉积过程和河流泥沙输移的关系。

通过模拟实验结合区域土壤侵蚀调查数据，利用计算机模拟技术建立土壤侵蚀预测预报模型。

研究"3S"技术和元素示踪法等新技术和新方法在水土流失研究中的应用；研究土壤侵蚀模拟技术和理论，引进和研制适合我国野外及室内研究的测试设备。

研究不同区域土壤侵蚀分布特征、演变规律并预测变化趋势，建立全市统一的土壤侵蚀指标体系及信息采集、数据处理、图件编制等标准。

通过研究生态环境变化和人类活动对水土流失的影响以及引起环境质量退化过程和滞后效应，建立水土流失环境效应的评价指标体系。

例如，北京丘陵区坡面较长，土层薄，岩石裸露，气候干旱，植被缺乏，以洪灾为主的水土流失严重。集中径流形成的强烈的面蚀和沟蚀对坡耕地农业发展造成了严重的威胁，部分石质山地植被遭到了严重破坏，土层瘠薄，生态恢复困难。因此，水土保持林体系高效空间配置技术主要包括：坡面多林种、多树种、乔灌草、不规则斑块状、镶嵌复合的高效空间配置技术，沟道农林复合及护岸护滩防护林配置技术，缓坡丘陵区的坡面林草复合结构设计与管理技术，侵蚀沟固沟拦沙滤水型水土保持林生物工程技术，石质山地复层林构建技术等。

稳定林分结构调控技术主要包括：时空调水、提高水资源利用率、保持水资源生态平衡、达到林水平衡，以改善降雨集流储水、适度胁迫节水补灌为中心的树种选择、适度造林、合理配置条件下的林分密度控制等技术。根据区域自然特点，实施水土保持林体系的生态、经济和社会等综合效益为主要目标的树种选择及其搭配、混交比例和密度控制等技术。

（三）水源涵养林

水源保护是城市可持续发展经营的重中之重。进一步研究水源涵养树种的选择，从不同的时空尺度上研究乔、灌、草种的配置比例与模式，不断改善优化其群落结构，确定最佳森林覆盖率，研究水源涵养区植被恢复与建设的定向培育技术。

深入研究提高水土保持和水文功能的技术、山地植被的科学恢复技术、水源涵养型植被建设技术，组织科技攻关，开展工程区生态工程构建技术的研究与示范。

通过重要水源区和工程区主要树种和草种的耗水规律、水量平衡、水质影响的观测分析以及对群落结构与水源涵养功能之间关系的观测和分析，研究主要树种和草种对水量平衡以及理水调洪、净水、节水、调水等功能的影响和作用；通过系统调查主要乡土林草植被和引进植物种类的群落系统的结构特征及动态变化规律，综合评价其相应的水源涵养效益，以低耗水、高效调水与净化水质为主要目标，筛选和提出适合当地土壤和气候等自然环境条件、符合水源涵养功能要求的优良树种和草种。

研究主要森林植被类型的系统格局与结构特征对水文过程和水源涵养功能的影响，通过系统调查主要森林植被类型的有关生态系统格局与结构特征动态变化规律和空间配置形式，在林分和小流域的尺度上研究林分结构及其空间配置的水文调节作用。建立主要林草植被类型的生态系统结构与水源涵养功能之间的数量关系，分别建立生态系统和小流域尺度上的森林水文机理模型，模拟、预测和定量分析各类植被的结构特征和空间配置格局对涵养水源功能的影响，综合评价相对应的水源涵养效益，优化和筛选更加合理的模式。

针对重要水源区自然地理、经济、社会和森林资源的状况，建立多个综合和单项技术试验示范区，重点研究水源涵养型植被建设树草种选择技术、水源涵养型林草植被空间配置与结构优化技术和低功能水源涵养林草植被更新改造与植被定向恢复技术，形成完备的水源涵养型森林植被恢复与建设技术体系，提出不同类型退耕还林还草工程区水源涵养森林植被建设技术。主要包括江河集水区水源保护林体系多林种、多树种、低耗水、高效调水供水型空间配置技术，以集水区水源保护林低耗水、低污染、高效调水净水型为主要目标的树种选择、树种搭配、密度控制等水源保护、稳定林分结构设计与调控技术，集水区调水净水型水源保护林造林营林技术，如高效调水净水型整地、种植点配置、抚育更新等技术。

库区水源保护林体系高效空间配置及稳定林分结构设计与调控技术，主要包括低耗水、低污染、高效调水净水、护岸护库拦沙滤水型水源保护林体系空间配置技术，以及稳定林分或林带结构设计与调控技术；库区护岸护库拦沙滤水型林分或林带的造林技术；库区以护岸护库为主要目标的植被定向恢复技术等。

（四）低效能林分改造复壮技术

低效林分的改造复壮技术主要包括低效林分类型划分、成因与判定指标；低效林分改造复壮技术，如通过对林分的密度与结构进行合理调整以及树种更替、不同配置方式、抚育间伐（包括补植、施肥、林地土壤改曲、病虫害防治及其他先进技术措施等）等现代化综合配套科学技术；人工封育、人工促进天然更新、定向植被复壮、水土保持效益提高技术；低效林分更新改造配套技术，如树种选择及其合理搭配、林分合理结构、密度控制及优化等。

第三节 现代林业生态保护的关键技术

一、森林保护技术

针对森林资源现状和林业发展规划，在森林保护技术方面还需要在如下几个方面进行重点研究：

①森林健康评价指标体系与监测体系研究。

②森林灾害的生物调控技术研究。

③荒漠化治理灌木林的生物防治技术研究。

④重点易发病虫害预测预报方法的研究。

⑤天敌昆虫多样性及其自然控制技术的研究。

⑥利用飞机防治林木害虫技术的研究。

⑦利用成虫取食习性防治杨树天牛的研究。

⑧生物农药的研制开发。

二、自然保护区与湿地保育技术

（一）自然保护区保育技术

自然保护区的保育是维护生物多样性、资源多样性、生态文化多样性的极为重要的手段。通过自然保护区的建立和维护，研究保护区内景观斑块与廊道特征，研究生态系统结构特征及景观的多样性，分析与评估保护区景观格局，探索自然保护区的旅游规划和景观生态规划，研究不同干扰对生物多样、景观多样性的影响机理，研究保护区生物多样性与生态服务功能的关系，探讨保护区生态服务功能的价值评估，研究保护区生态服务功能损失的物种补偿途径，建立起自然保护区生态系统的自运行机制、生物多样性自平衡机制、植被景观的自形成机制。

（二）湿地恢复与保育技术

我国湿地生态系统面临的主要问题有：水源不稳定；植物群落建群种少，结构简单；湿地面积萎缩，质量下降。在湿地保育研究中，主要内容有：①湿地植物资源调查和特征分析；②湿地生态功能观测（净化污染物能力、吸收重金属能力、蓄水能力、调节小气候的能力、维持生物多样性的能力等）；③湿地健康状况评价；④湿地生物修复技术（针对某种污染物或重金属的植物修复和微生物修复，选育该种或几种植物和微生物）。

完成野生植物及湿地资源监测体系等工程的建设，以及野生动物救护中心和水生野生动物保护中心的建设。开展动物"再引入"工程相关技术的研究，加强珍稀物种回归自然栖息环境的技术研究。在各类城市绿地的建设中，注重植物多样性配置，建立大面积、物种多样的人工绿地生态系统，加强对城市地区野生鸟类的保护，开展相关的基因工程方面的研究与应用。

三、生物多样性保护技术

根据山区、平原、城市的地理特点，区别各个地区相对独立的生态系统，制订实施针对性的生态保护和建设计划。完善围绕市区的绿化放射状系统，重视平原过渡地带的生态建设，初步形成城市中心与外部联系的自然及半自然的生态廊道。

抓好重点野生动植物保护和全市古树名木保护工作，结合保护区建设保护和恢复珍稀栖息地。完成林业生物防治研究推广中心、野生植物及湿地资源监测体系、野生动植物检测中心等工程的建设，以及野生动物救护中心和水生野生动物保护中心的建设。开展动物"再引入"工程相关技术的研究，加强珍稀物种回归自然栖息环境的技术研究。加强城市地区野生鸟类的保护。建立野生动物救护中心、繁育中心，形成保护、救护、繁育一体化。维护生物多样性，改变造林绿化中树种少、结构单一、人工痕迹较强、与自然不够和谐的现象，提高绿化美化整体水平。增强林木管护和森林资源安全保障能力，特别是护林防火能力，确保森林资源的安全。

在保护的同时，提倡使用当地物种，加强当地物种的可持续利用，加强当地物种的种源培育研究，发动民众采集和培育当地物种种子。建立入侵种预警系统，建立中国外来物种信息系统，在共享信息和经验的基础上建立全球信息系统，建立和更新最危险的入侵物种名录，并建立公约限制这些物种的扩散。对有可能产生巨大危害的物种如森林害虫、病菌等建立预测预报系统，并研究有效的防治措施。

第四节 现代林业生态建设中高新技术的应用

一、高新技术对林业可持续发展的重大意义

以现代生物技术和信息技术为主导、广泛应用高新技术及其成果、全面推进科技进步的林业新技术革命正在蓬勃兴起，它必将引起我国传统的林业生产力、生产方式及产业结构的重大变革，也必然给我国林业的可持续发展带来更多的机遇与挑战，甚至将会使我国林业产生巨变。因此，依据我国实际，将高新技术的推广与应用和林业可持续发展相结合，实施科技兴林战略，这是我们这一代林业工作者面临的历史使命。

林业可持续发展在国民经济发展中起着重要的作用。在我国，农业是根本，水利是命脉，而现代治水观念的精髓是治源与治流相结合，重在治源，也就重在治山。因此林业是根本中之根本，命脉中之命脉。只有林业得到持续快速健康的发展，才能满足国民经济和社会发展对林业日益增长的多种需求，才能凸显林业在其中的地位和作用，才能解决林业在前进中的矛盾与问题。可持续发展是世界林业发展的趋势，也是我国林业跨越式发展所要追求的宏伟目标。

二、高新技术与林业可持续发展的关系

高新技术在林业可持续发展中的起先锋作用。林业要发展，科技是先锋，科技兴林是我国实现林业产业化的根本途径和最佳选择。林业可持续发展是林业高新技术的载体，试验场。如果没有林业可持续发展的实践需要、高新技术对于林业就如空中楼阁一样，失去了方向和依托。高新技术如一把双刃剑。用得好可以为林业可持续发展锦上添花、扩大人类改造自然的活动领域、提高人与自然做斗争的能力，把精神文明和物质文明推进到前所未有的高度；用得不好会带来一系列棘手的社会问题，如生态环境的恶化、自然资源和能源的过度消耗以及核灾难的威胁等。

三、高新技术在林业生态建设中的应用

高新技术是最具生命力与广阔前景的科学技术领域，是林业可持续发展的科技源泉。在林业生态建设中应用的现代高新技术主要为生物技术、信息技术、新材料、综合技术等。

（一）生物技术

生物技术是林业科技创新的重要领域，是21世纪高新技术的核心。在林业生态工程建设中发展潜力很大。林业生物技术研究的重点领域是：运用DNA重组技术、基因转移技术、植物再生技术、细胞工程与常规育种技术相结合等手段，在选育抗干旱、防风固沙、风沙治理、耐盐碱、抗污染、低耗水等优质、抗逆、生态适应性能好的新品种方面开展研究工作，加快林木品种改良的研究与开发。

1."生物节水"技术

通过对植物水分生理和土壤、大气关系的研究，根据植物对水分的吸收、运转、消耗等过程的监测，真正按照植物对水分的需求定量供水，做到对水分的最大利用率。"植物水分活力测试仪"等仪器的成功研制初步解决了生物节水难题，为生物节水，开创了新的途径。

2.生物制剂

生物制剂具有自然、环保等特征，在林业生态建设中具有广阔的应用前景，近年来，相关研究人员在生物农药（杀虫剂、杀菌剂）、菌根制剂、生物保鲜剂、生长调节剂、细菌病原菌及高效低毒杀虫剂、微生物制剂等方面进行了研究与开发，并取得了可喜的进展，如"菌根菌剂在针叶树育苗上的应用研究"等。

3.新材料

新材料的研制开发与应用是未来林业，尤其是未来旱区城市林业研究的重要领域之一。其正在向功能型、复合型、智能型方向发展，在林业生态工程建设中应用前景广阔，为林业发展提供了重要的服务和支持。在缺水的北方城市，积极开发"成本低、投劳少、易降解、维护保养易"的新材料更是当务之急。为了适应这一特点，近年来在城市林业生态建设中，营养袋、根宝、ABT生根粉、保水剂、地膜、"生态垫"等新材料不断得到了应用与推广。

（二）信息技术

以计算机技术、"3S"技术、电子技术等为核心的信息技术在林业生态环境建设中具

有极为重要的作用，为林业生产、林业管理、林业资源以及流通过程进行管理和服务提供了极大的帮助。

今后，随着社会经济的发展，城市建成区面积、人口数量、能源与资源消耗总量、机动车保有量、城市需水量、建设规模等影响环境质量的诸多因素将会有较大增长或维持在较高水平上，林业生态环境建设必须根据其自身的自然环境状况与社会发展趋势，着眼全局、着眼未来、科学规划、统筹安排，研究城市化推进对区域生态系统的胁迫效应、城市森林生态服务功能运转机制与评估方法，探讨森林生态服务功能的风险减缓措施和系统监测技术，探讨城市化进程中人类对林业需求的演变机制、人类活动胁迫下区域森林服务功能评价方法、城市森林服务功能监测与控制机理。

总之，在生态工程建设中，采取各种有效举措，一方面最大限度地运用已有的科学技术成果，提高生态工程建设的科技含量；另一方面针对工程建设中出现的新问题，加大科技投入力度，重点研究生态工程建设所需的新技术、新材料。依靠科学技术水平的提高从根本上改善城市的生态环境状况。

第七章 森林资源管理与可持续经营

第一节 森林资源管理的内容、要求及意义

森林不只是树木的集合体，而且是陆地上最复杂的生态系统。森林生态系统除了包括各种乔灌木树种、草本植物外，还有蕨类、苔藓、地衣、鸟类、兽类、昆虫和微生物，是一个复杂的生物世界。在各种生态系统中，森林生态系统对人类的影响最直接、最重大，也最关键。离开了森林的庇护，人类的生存与发展就会失去依托。

我国地域辽阔，自然条件多样，适宜各种林木生长。我国拥有各类针叶林、针阔混交林、落叶阔叶林、常绿落叶阔叶混交林、常绿阔叶林、热带雨林、雨林以及它们的各种次生类型。还有栽培历史悠久并且广泛种植的人工用材林和经济林，如杉木林、毛竹林、油茶林、油桐林、杜仲林等。此外，还有华南滩涂的红树林、内陆河岸的胡杨林、荒漠沙丘上的梭梭林和高山杜鹃灌木丛等各种具有重要防护功能的乔木和灌木林类型。中国还拥有世界上完整的温带和亚热带山地垂直带谱，世界最北的热带雨林类型，种类最丰富的云杉属和冷杉属森林，世界上罕有的高生产力（每公顷2000多立方米）云杉林等。

我国森林面积和蓄积量的绝对数虽然可观，但是，我们在看到成绩的同时，还要看到不足。我国依然是一个缺林少绿的国家，森林覆盖率低于全球30.7%的平均水平，特别是人均森林面积不足世界人均的1/3，人均森林蓄积量仅为世界人均的1/6。森林资源林龄结构不合理，可采资源不足。成过熟林可采资源面积、蓄积量仅占森林面积和森林蓄积量的19%和40%；森林资源林种树种结构不合理，生态效益低；人工纯林、单层林占主体。森林资源主要分布在东北、中东部和中部地区，而西北和西部地区森林资源匮乏。东北和西南地区天然林资源丰富，东南部丘陵山地森林资源也较多，是主要人工林分布地区。辽阔的西北、内蒙古西部及人口稠密、经济发达的华北、中原和长江、黄河下游地区森林资源稀少。

森林资源质量不高、功能不强，是我国林业最突出的问题，严重制约着林业多种功能的充分发挥。我国每公顷森林蓄积量为89立方米，仅相当于林业发达国家单位面积森林蓄积的1/4～1/3。森林生产力不高，每公顷森林年均生长量为4.23立方米，只有林业发达国家的1/2左右；森林生产力提升缓慢，平均每公顷蓄积从20世纪50年代的71.03立方米提升到89.79立方米，不到林业发达国家的1/3。全部森林中，质量好的森林仅占

19%，中幼龄林比例高达65%，混交林比例只有39%，与良好健康的森林要求混交林比例60%以上差距较大，天然林中有51%是纯林，人工林中有85%是纯林。每公顷森林年生态服务价值仅相当于德国、日本的40%。森林退化严重，天然林中有94%为过伐林、次生林和退化林。

经过长期努力，我国森林由恢复增长、规模扩张阶段进入到量质并重、提升质量效益阶段。森林资源总量相对不足、质量不高、分布不均的状况仍然存在，森林生态系统功能脆弱的状况尚未得到根本改变，生态产品短缺依然是制约中国可持续发展的突出问题。这就不得不要求我们加大森林资源保护和生态修复力度。

面对我国人工林发展过程中存在的问题和新时代社会对森林期望与需求的变化，通过科学合理的规划与经营，发展优质、高效、稳定、可持续的多功能人工林已成为一种主流趋势。现阶段我国人工林经营体系仍呈现多元化的发展模式，在遵循我国现有的森林分类经营体系的基本构架下，向发展兼顾经济、生态和社会效益的多目标森林经营战略转变。我国人工林经营将更加关注在不同时间和空间尺度上有效权衡和协同好人工林生态系统的多种服务功能，并以提升人工林的质量与效益为重点。

我国人工林大多为针叶纯林，结构简单、抗逆性差、生态服务功能低，人工林经营管理尚未实现集约化、信息化、机械化和智能化，导致人工林经营的质量和效益还落后于国际上的林业发达国家。这些林业发达的国家，人工林经营的理论和技术相对比较成熟和完善，已经步入人工林高效集约经营和多功能利用的可持续发展道路。鉴于人工林经营中存在的诸多问题以及可利用土地空间的限制，我国人工林未来发展不可能再延续一味追求以扩大人工林面积来实现人工林资源的增长，必将从以扩大造林面积为主转变为以提高现有人工林生产力和质量为重点。未来造林、营林应更加注重林地单产的提高和森林质量的提升。人工林经营中应该倡导培育大径级优质材，提升基于材质的木材经济价值和效益，力求森林经营得到良好的经济收益回报，这也是世界上发达国家在森林经营方案设计和经营实施效果评价方面所考虑的最重要指标。由盲目粗放经营转变为定向集约高效经营，制订人工林长期可持续多目标经营方案，通过量化和分析林分结构、立地条件，不断调整人工林结构、景观配置，实施健康经营、生物多样性保护、病虫害与森林火险防控，在不断提高人工林木材产量的同时，更加重视提高人工林林分质量和生态系统的服务功能。

通过科学规划和经营调控等手段，处理好生态系统服务与经济社会发展和生态系统之间的联系，实现经济的、社会的和环境的多元惠益，满足人类所期望的多目标、多价值、多用途、多产品和多服务的需要。由于经营目标和影响因素的复杂性，不同社会利益群体的需求变化的时空差异，要妥善处理好人工林经营的主导目标与多目标之间的相互关系。在实践中，有时需要以一种主导效益作为主要目的并兼顾其他效益，有时需要为了提高一种功能而牺牲另一种功能。因此，在森林适应性管理中更重要的是结合生态和社会的需求，权衡和协同人工林多重生态系统服务（如碳固持、水源涵养、生物多样性维持、养分循环等）和多种效益。通过近自然的经营方式，将现存的大面积单层同龄人工针叶纯林转化成以乡土阔叶树种为主的复层异龄多树种混交林，改善人工林树种组成和群落结构，充分利用自然力和天然更新机制，加速人工林的近自然演替进程，增强森林生态系统的稳定性和抵御气候变化胁迫的韧性，同时有助于提升地力、生产力和碳储量。

天然林保护修复必须坚持四项基本原则，即坚持全面保护，突出重点，把所有天然林都保护起来，同时确定天然林保护重点区域，实行天然林保护与公益林管理并轨；坚持尊重自然，科学修复，统筹山水林田湖草治理，全面提升生态服务功能；坚持生态为民，保障民生，保障林权权利人和经营主体的合法权利，确保广大林区职工和林农与全国人民同步进入全面小康社会；坚持政府主导，社会参与，形成全社会共抓天然林保护的新格局。

天然林保护修复要实施四项重大举措。

完善天然林管护制度。在对全国所有天然林实行保护的基础上确定天然林保护重点区域，实行分区施策；建立天然林保护行政首长负责制和目标责任考核制；逐级分解落实天然林保护修复责任与任务；加强天然林管护站点建设、管护网络建设、灾害预警体系建设、护林员队伍建设和共管机制建设。

建立天然林用途管制制度。全面停止天然林商业性采伐；对纳入保护重点区域的天然林，除维护生态系统健康的必要措施外，禁止其他生产经营活动；严管天然林地占用，严格控制天然林地转为其他用途；对保护重点区域的天然林地，除国防建设、国家重大工程项目建设特殊需要外，禁止占用。

健全天然林修复制度。根据天然林演替和发育阶段，科学实施修复措施，遏制天然林分退化，提高天然林质量；强化天然林中幼林抚育，促进形成地带性顶级群落；加强生态廊道建设；鼓励在废弃矿山、荒山、荒地上逐步恢复天然植被；加强天然林修复科技支撑，加快完善天然林保护修复效益监测评估制度。

落实天然林保护修复监管制度。将天然林保护修复成效列入领导干部自然资源资产离任审计事项，作为地方党委和政府及领导干部综合评价的重要参考；对破坏天然林、损害社会公共利益的行为，可以依法提起民事公益诉讼；建立天然林资源损害责任终身追究制。

第二节　森林经营区划系统

一、森林经营区划的概念

森林经营区划又称林地区划，是对整个林区进行地域上的划分，即将辽阔的林区和不同的森林对象划分为不同的部分或单位。划分的主要依据有：第一，便于调查、统计和分析森林资源的数量和质量；第二，便于组织各种经营单位；第三，便于长期进行森林经营利用活动，总结经验，提高森林经营水平；第四，便于进行各种技术、经济核算工作。

二、森林经营区划系统

（一）森林经营单位区划系统

1.林业局（场）的区划

林业（管理）局→林场（管理站）→林班→小班；或林业（管理）局→林场（管理站）→营林区（作业区、工区、功能区）→林班→小班。

2.自然保护区（森林公园）的区划

管理局（处）→管理站（所）→功能区（景区）→林班→小班。

国家级自然保护区按功能分为核心区、缓冲区和实验区。核心区是指保护对象具有典型代表性，并保存完好的自然生态系统和珍稀、濒危动植物的集中分布地区。缓冲区是指位于核心区周围，可以包括一部分原生性生态系统类型的演替类型所占据的半开发的地段。实验区是指缓冲区的外围，可以包括人工生态系统和宜林地在内，但最好也能包括部分原生或次生生态系统类型的地区。

（二）县级行政单位区划系统

县→乡（镇）→村→小班；或县→乡（镇）→村→林班→小班。

森林经营区划应同行政界线保持一致。对过去已区划的界线，应相对固定，无特殊情况不宜更改。

三、森林经营区划的原则和方法

（一）林业局的区划

林业局是林区中一个独立的林业生产和经营管理的企业单位。合理确定林业局的范围和境界是实现森林永续经营利用的重要保证。根据全国林业规划，我国各林区已大部分建立了林业局。在新开发的林区，应根据正式批准的林区总体规划方案和上级有关建局的指令性文件，合理地确定林业局的范围和境界。影响林业局境界的主要因素如下。

1.森林资源情况

森林资源是林业生产的物质基础。林业局范围内应有一定数量和质量的森林资源，

才能实现森林可持续发展。森林资源主要表现在林地面积和森林蓄积量上。从长期经营和永续作业的要求出发，林业局的经营面积，一般以15万～30万公顷为宜；从发挥木材机械效率以及经济效益出发，以年产木材20万立方米为宜。以营林为主的林业局，因造林、经营等活动频繁，经营面积以5万～10万公顷为宜。

2.自然地形、地势

林业局以大的山系、水系等自然界线和永久性的地物（如公路、铁路）作为境界，对于经营、生产、运输、管理和生活等方面均有重要意义。因此，应充分利用这些条件，防止只从有无可利用森林资源考虑，而忽视地形、地势等特点，造成运材翻山越岭、运距加长、管理不便等现象的发生。

3.行政区划

在确定林业局境界时，应尽量考虑与行政区划相一致，这样有利于林业企业与地方机构协调关系，特别是在林政管理、护林防火、劳动力调配等方面。

4.木材运输条件

在一个林业局范围内应有一个比较完整的木材运输系统。采用汽车运材，应尽量减少逆向运材道路；采用水运，应以流送河道的吸引范围为限。

林业局的范围应充分考虑有利于职工生活、交通方便。林业局的境界线一般情况下不应轻易变动，以免影响正常的经营管理。林业局的面积不宜过大，其形状以规整为好。

（二）林场的区划

林场是经营和管理森林资源的基层林业生产单位，也是森林经营方案编制和执行的基本单位。其区划是以全面经营森林和"以场定居，以场轮伐"、森林永续经营为原则。林场的境界应尽量利用自然地形和山脊、河流、沟谷、道路等永久性标志。林场的范围应以有利于全面经营森林、合理组织生产和方便职工生活等为原则，形状最好较为规整。

关于林场的经营面积，北方林业局（企业局）下属的林场，经营面积一般为1万～2万公顷，南方独立的国有林场的经营面积一般为1万公顷左右，较大的可达3万公顷。在少林地区，国有林场的经营面积大都为0.1万～0.2万公顷。集体林区民办林场的面积从几公顷到几千公顷不等。根据我国林业企业的森林资源情况、木材生产工艺过程和营林工作的需要，林场的面积不宜大于3万公顷。总之，林场的面积不宜过大或过小，过大不利于合理组织生产和安排职工生活；过小则可能存在机构相对庞大、机械效率不能充分发挥等缺点。

我国林业局以下的林业管理机构名称也有多种，如主伐林场、经营所、采育场、伐木场等，从长远看，应统称为林场较为合适。

（三）营林区的区划

营林区又称作业区（分场、工区、工段）。在林场内，为了便于森林经营管理、开展多种经营活动、方便职工生活、做好护林防火工作等，将林场再区划为若干个营林区。由于森林资源的分散和集中程度、树种特点、居民点分布、地形地势、交通条件和经营水平不同，营林区面积大小也不相同，但应以工作人员到达最远的现场步行花费的时间不超过1.5小时为宜。营林区界线应以自然界线为区划线，与林班线一致，即将若干个林班集中在一起组成营林区。营林区既是行政管理单位，又是基层经营单位。

林业局、林场、营林区区划以后，都应成立相应的管理机构，并分别在局、场、营林区范围内选择局址、场址和区址。局址、场址、区址的选择要贯彻"城乡结合、工农结合、有利生产、有利生活"的方针。

（四）林班的区划

林班是在林场或乡（镇）范围内，为了便于森林资源统计和经营管理，将土地划分为许多面积大小比较一致的基本单位。在开展森林经营活动和生产管理时，大多数以林班为单位。因此，林班是永久性经营单位。

区划出的林班以及林班线，主要用途是便于测量和求算面积；清查和统计森林资源数据；辨认方向；护林防火以及林政管理；开展森林经营利用活动。

区划出林班后，每个林班的地理位置、相关关系以及面积就固定下来，为长期开展林业生产活动提供了方便条件。

1.林班的区划方法

在进行林班区划时，主要根据林区的实际情况和经营水平确定面积大小和区划方法。林班区划方法有三种，即自然区划法、人工区划法、综合区划法。

（1）自然区划法

自然区划法是以林场（或乡、镇）内的自然界线以及永久性标志，如河流、沟谷、分水岭以及道路等作为林班线划分林班的方法。这种区划方法，林班的形状和大小因当地地形而异，一般形状不规整，主要依地形变化而划分。区划时应结合营林、护林、主伐、集运材方便等进行。

自然区划法的优点是有利于森林经营管理；可以不伐开林班线，只须沿林班线挂树号；保持自然景观；对防护林、特种用途林有特殊的作用。缺点是林班面积大小不一，形状各异，计算面积较复杂，不能利用林班线识别方向。自然区划法适用山区，大多数林班为两坡夹一沟，便于经营管理。如面积过大时，可以沟底为林班线，以一面坡为一个林班。

（2）人工区划法

人工区划法（又称方格法）是以互相垂直的林班线将林场区划成正方形或长方形的规整几何形状、其大小基本一致的划分林班的方法。

人工区划法设计简单，便于调查和计算面积；林班线有助于在林区识别方向，并作为防火线和道路使用；技术要求低，操作简单。其不足之处是区划时不考虑地形条件和森林分布的实际情况，而使很多林班线失去经营作用，伐开林班线增加工作量。此法仅适用于地形较平坦、地形特点不明显的地区，如广东省雷州林业局的林场大多采用此法区划林班。采用人工区划法时，林班线方向应根据当地主要害风方向确定，以利于采伐以及伐后作业。

（3）综合区划法

综合区划法是自然区划法与人工区划法相结合划分林班的方法。一般是在自然区划的基础上，面积过大的地段或平缓地段，辅助部分人工区划而成。综合区划法形成的林班形状和大小不一致。

我国林班区划原则上采用自然区划法或综合区划法，地形较平坦地区可以采用人工区划法。

2.林班面积的大小和编号

林班面积的大小。林班面积的大小主要取决于经营目的、经济条件和自然条件。在南方经济条件较好的林区，林班面积应小于50公顷；北方林区林班面积一般为100～200公顷；自然保护区和西南高山林区根据需要可适当放宽标准；丰产林、特种用途林林班面积可小于50公顷；集体林区受山林权属的影响，林班面积可不受上述标准的限制；在具有风景、旅游、疗养性质的森林内，林班面积的大小和形状，应尽可能与森林景观和旅游事业的需要相结合，以保持自然面貌为原则。同一林场林班面积的变动幅度不宜超过标准要求的±50%，防止无立木林地林班面积划得过大，给长期经营带来不便。

林班的编号和命名。林班的编号一般是以林场或乡（镇）为单位，用阿拉伯数字从上到下、从左到右依次编号。如果当地有相应地名，应在编号后附上，以利于今后开展经营管理工作。

3.林班境界的确定

林班区划的界线，既要反映在图上，又要落实到现地，才能使森林经营区划起到应有的作用。

林班现场区划时，应在林班线相交处埋设林班桩、林班指示牌（人工区划法林区）。山脊作为林班线时，可不伐开区画线，只须在界线两侧树上挂号；在不明显的山脊、山坡上区画线应伐开，一般伐开线宽为1米，清除伐开线上的小径木和灌木，同时在伐开线两侧树上挂号，树号应面向区画线砍成八字形，部位要适中，以便寻找。由于林班为林场永久性经营单位，因此，除特殊情况外，一般不宜变更界线和编号，以免造成经营管理上的混乱。

为了便于开展各种经营活动，在森林经营区划的基础上，应在必要的地点设置各种区划标志，如指示牌、标桩。

（五）小班的区划

为了调查森林资源和开展各项经营活动，有必要在林班内按一定条件划分小班。小班是林班内林学特征、立地条件一致或基本一致，具有相同的经营目的和经营措施的地块，是森林资源规划设计调查、统计和森林经营管理的基本单位。

1. 小班区划的原则

小班划分的原则是小班内部自然特征基本相同，与相邻小班有明显差别。

2. 划分小班的依据

划分小班的依据是凡能引起经营措施差别的一切因素，都可作为划分小班的依据。划分小班的依据是权属、地类、林种、森林类别、林业工程类别、起源、优势树种（组）、龄级（组）、郁闭度（覆盖度）、立地类型（或林型）和出材率等级。以上因素不同，均应划分为不同的小班。

小班划分应尽量以明显地形、地物界线为界，同时兼顾森林资源调查和经营管理的需要。

3. 小班的面积

小班面积依据林种、绘制基本图所用的地形图比例尺和经营集约度而定。最小小班面积在地形图上不少于4平方毫米，对于面积在0.067公顷以上而不满足最小小班面积要求的，仍应按小班调查要求调查、记载，在图上并入相邻小班。南方集体林区商品林最大小班面积一般不超过15公顷，其他地区一般不超过25公顷。

无立木林地、宜林地、非林地小班面积不限。

4. 小班区划的方法

小班划分就是根据划分小班的基本条件确定小班的界线，把小班界线落实到地面，并反映在图上。

采用由测绘部门绘制的当地最新的比例尺为（1∶10000）～（1∶25000）的地形图到现地进行对坡勾绘。根据明显的山谷、山脊、道路、河流等地物标，作为判断小班地理位置的依据，然后尽可能综合上述地物标，将小班轮廓在地形图上勾绘出来。对于没有上

述比例尺地形图的地区可采用由1：50000放大到1：25000的地形图。

使用近期（以不超过2年为宜）经计算机正射校正比例尺为1：25000以上的卫片（空间分辨率10米以内）在室内进行小班勾绘，然后到现地核对。

在小班调查时，要深入林内校对，进一步修正小班轮廓线。

5. 小班的编号

无论采用哪一种划分小班的方法，在小班调查后，都要进行小班编号。小班编号是以林班为单位，用阿拉伯数字从上到下、从左到右依次编号。

森林经营区划和林业区划不同。林业区划侧重分析研究林业生产地域性的条件和规律，综合论证不同地区林业生产发展的方向和途径，是从宏观上研究安排林业生产，具有相对的稳定性，在较长时间内起作用。森林经营区划是在林业区划的原则指导下具体地在基层地域上落实。

第三节　森林资源调查

一、森林资源调查的概念

森林资源调查也称为森林调查，是指依据经营森林的目的和要求，系统地采集、处理、预测森林资源有关信息的工作。它应用测量、测树、遥感、各种专业调查、抽样以及电算技术等手段，以查清指定范围内的森林数量、质量、分布、生长、消耗、立地质量评价以及可及性等，为制定林业方针政策和科学经营森林提供依据，主要有森林资源状况、森林经营历史、经营条件以及未来发展等方面的调查。

二、森林资源调查的分类

森林资源调查的种类多样，各类调查的方法、目的、内容等有所不同。我国根据调查的目的和范围将森林资源调查分为三大类：第一，国家森林资源连续清查；第二，森林资源规划设计调查；第三，作业设计调查。

（一）国家森林资源连续清查

国家森林资源连续清查（又称一类调查）是以掌握宏观森林资源现状和动态为目的，以省（区、市）为单位，以利用固定样地为主进行定期复查的森林资源调查方法。它是全国森林资源与生态状况综合监测体系的重要组成部分。国家森林资源连续清查成果是反映全国、各省（区、市）森林资源与生态状况，是制定和调整林业方针政策、规划、计划，监督检查各地森林资源消长任期目标责任制的主要依据。

国家森林资源连续清查的任务是定期、准确地查清全国和各省（区、市）森林资源的数量、质量及其消长情况，掌握森林生态系统的现状和变化趋势，对森林资源与生态状况进行综合评价。

国家森林资源连续清查的主要内容：第一，土地利用和覆盖。包括土地类型（地类）、植被类型的面积和分布。第二，森林资源。包括森林、林木和林地的数量、质量、结构和分布，森林按起源、权属、龄组、林种、树种的面积和蓄积，生长量和消耗量及其变化。第三，生态状况。包括森林健康状况和生态功能，森林生态系统多样性，土地沙化、荒漠化以及湿地类型面积和分布及其变化。

国家森林资源连续清查以省（区、市）为单位，原则上每5年复查1次。每年开展国家森林资源连续清查的省（区、市）由国务院林业主管部门统一安排。要求当年开展复查，翌年第一季度向国务院林业主管部门上报复查成果。

（二）森林资源规划设计调查

森林资源规划设计调查（又称二类调查）是以国有林业局（场）、自然保护区、森林公园等森林经营单位或县级行政区域为调查单位，以满足森林经营方案、总体设计、林业区划与规划设计需要而进行的森林资源调查。其主要任务是查清森林、林地和林木资源的种类、数量、质量与分布，客观反映调查区域自然、社会经济条件，综合分析与评价森林资源与经营管理现状，对森林资源培育、保护与利用提出意见。调查成果是建立或更新森林资源档案、制定森林采伐限额、作为林业工程规划设计和森林资源管理的基础，也是制订区域国民经济发展规划和林业发展规划、实行森林生态效益补偿和森林资源资产化管理、指导和规范森林科学经营的重要依据。

森林资源的落实单位是小班，这是因为小班是森林经营活动的具体对象，也是林业生产最基础的单位，所以森林资源规划设计调查的森林资源数量和质量落实到小班。

森林资源规划设计调查的基本内容：第一，核对森林经营单位的境界线，并在经营管理范围内进行或调整（复查）经营区划；第二，调查各类林地的面积；第三，调查各类森林、林木蓄积量；第四，调查与森林资源有关的自然地理环境和生态环境因素；第五，调查森林经营条件、前期主要经营措施与经营成效。

森林资源规划设计调查间隔期一般为10年。经营水平高的地区或单位也可以5年进行1次，两次二类调查的间隔期称为经理期。在间隔期内可根据需要重新调查或进行补充调查。

（三）作业设计调查

作业设计调查（又称三类调查），是为满足伐区设计、造林设计、抚育采伐设计、林分改造等进行的调查。作业设计调查的目的主要是对将要进行生产作业的区域进行调查，

以便了解生产区域内的资源状况、生产条件等内容。作业设计调查应在二类调查的基础上，根据规划设计要求逐年进行。森林资源数据应落实到具体的伐区或一定范围的作业地块上。

作业设计的内容不同，调查的内容也各不相同。以最常见的采伐作业设计调查为例，它是森林经营管理和森林利用的关键步骤之一，主要任务是调查林分的蓄积量和出材量。该项调查工作量大，作业实施困难。与森林资源清查、森林资源规划设计调查相比，采伐作业调查具有以下四个特点：第一，目的是为企业生产作业设计而服务的，时间紧。第二，调查和设计同步进行，以采伐作业调查为例，在调查的基础上须进行采伐设计和更新设计。第三，为保证调查精度，禁止采用目测调查，通常采用全林每木检尺或高强度抽样。第四，在调查设计中较多地使用"3S"技术手段，如利用GPS进行林区公路选线、测定伐区的边界和面积，利用GIS确定运材系统、制定作业时间、分析各种采伐方式的经济性。

按照林业标准化要求，采伐作业设计调查的内容分为三部分：第一，采伐林分标准地调查，包括树种组、起源、年龄、郁闭度、平均胸径、平均树高、单位面积株数、蓄积量、生长量；第二，采伐条件调查，包括采伐林分地理位置、气候、地形地貌、土壤条件等自然条件，交通、劳动力等社会经济条件；第三，更新情况调查，包括更新方式、更新树种、种苗供应、经费预算等。

以上三类森林资源调查的目的都是查清森林资源的现状及其变化规律，为制订林业计划和经营利用措施服务，但它们的具体对象、任务和要求不同。一类调查为国家、省（区、市）制订林业计划、政策服务；二、三类调查是为基层林业生产单位开展经营活动服务。三种调查各有自己的目的和任务，不能互相代替。如果用二类调查代替一类调查，就会因森林资源落实单位小，调查内容过多，项目过细而延长调查时间，加大成本；如果用一类调查代替二类调查，则因蓄积量、生长量以及各项调查因子无法落实到小班，满足不了经营上的要求；二类调查有较长的经理期（一般一个经理期为10年），在经理期内，各小班的森林资源都在不断发生变化，如果用二类调查代替三类调查，就会因森林资源的变化而使原调查数据不能使用；若用三类调查代替二类调查会大大增加工作量和调查时间。

三、现代林业技术在森林资源调查中的应用

（一）现代林业技术在森林资源数据管理中的意义

现代林业技术，主要包括GIS技术、数据挖掘技术、专家系统和决策支持系统的研建，在森林资源数据管理中的意义主要表现在以下三个方面：

1. 增强对森林资源数据的管理、分析和决策的能力

GIS具有强大的空间信息存储、管理和分析功能，可存储和管理与森林资源相关的庞

大的具有准确空间地理信息属性的数据。数据挖掘是通过分析大量数据并从中寻找其规律的技术，数据挖掘的任务有关联分析、聚类分析、分类分析、异常分析、特异群组分析和演变分析。专家系统可通过模拟专家的思维方式，解决森林资源管理中的一些复杂的问题。决策支持系统可根据结构化或半结构化的知识，采用人机对话的形式让决策者在依据自己经验的基础上利用各种支持功能，反复地学习、探索、试验，最后根据自己的知识判断选取一种最佳方案，从而为森林经营者或决策者提供最优的决策方案。

2. 提高资源的管理水平

应用GIS技术使资源的空间位置与数据信息一一对应，图文并茂显示出来，方便查询，也可长期跟踪资源的动态变化，掌握现状和动态过程。数据挖掘技术、专家系统和决策支持系统的研建也为科学决策和合理经营管理森林资源提供技术保证。

3. 为资源管理部门和林政管理监督提供有力支持

通过GIS、数据挖掘和专家系统等技术可实现对森林资源数据的处理、分析、决策方案的提供等，从而为各级资源管理部门和林政管理监督提供有力支持。因此，将GIS技术、数据挖掘技术、专家系统研建技术和决策支持系统研建技术等新技术应用到森林资源数据管理中已成为必然趋势。通过这些技术的应用，可使特定区域内林业经营管理进入数字化、集成化、智能化和网络化，为林业的可持续发展提供技术支撑，为林业现代化建设提供新的管理手段。

（二）RS 技术在森林调查中的应用

RS是20世纪60年代兴起的一种探测技术，是根据电磁波的理论，应用各种传感仪器对远距离目标所辐射和反射的电磁波信息，进行收集、处理，并最后成像，从而对地面各种景物进行探测和识别的一种综合技术。它主要由遥感器、遥感平台、信息传输设备、接收装置以及图像处理设备等组成。遥感器是装在遥感平台上的设备，可为照相机、多光谱扫描仪、微波辐射计或合成孔径雷达等。图像处理设备可分为模拟图像处理设备和数字图像处理设备两类，主要用于对地面接收到的遥感图像信息进行处理以获取反映地物性质和状态的信息。

它的基本原理是：任何物体都具有不同的吸收、反射、辐射光谱的性能。可根据各种物体的反射光谱曲线来区分不同地物，如雪对0.4～0.5微米波段的电磁波具有较高的反射率，那么可采用0.4～0.5微米波段的遥感相片将雪与其他地物区分开，而且也可根据波谱曲线特征确定地物类型。植被的反射波谱线特征主要分三段：第一，在可见光波段，在0.55微米处，有一个小的反射峰，两侧0.45微米和0.67微米处有两个吸收带；第二，在近红外波段，有一定的反射的"陡坡"，至1.1微米附近有一峰值，形成植被的独有特征；第三，在中红外波段，因植物含水率的影响，反射率大大下降，在1.45微米、1.95微米、2.7微米处形成低谷。

1.遥感技术在森林资源调查中的作用

在国家森林资源连续清查中的应用。1977年，我国首次运用MSS图像对西藏地区的森林资源进行了清查，填补了我国森林资源数据调查的空白。1993年UNDP项目"建立国家森林资源监测体系"，对引入遥感技术的国家森林资源连续清查体系进行了系统的研究，并在江西、辽宁和西藏等省（区）进行了示范应用；其后，遥感技术应用也从试验阶段过渡到实际应用阶段，并在体系全覆盖、提高抽样精度和防止偏估等方面起到了重要的作用。1999年遥感技术全面应用于第六次国家森林资源连续清查。在应用遥感技术的国家森林资源清查体系中，以3S技术为支撑，采用中等空间分辨率遥感数据，建立了遥感监测与地面调查技术相结合的双重抽样遥感监测体系，对全国森林资源状况进行估计并形成了森林资源分布图。但是，遥感技术在森林资源连续清查中的应用仍停留在传统模式，遥感图像处理、遥感分类判读、监测成果统计分析与监测信息管理等各个技术环节相互脱节，没有形成系统的技术流程，应用效率极低，且缺乏遥感动态信息提取的应用模式。

在森林资源规划设计调查中的应用。20世纪50年代中期，在森林资源规划设计调查中，我国首次开展了森林航空测量、森林航空调查和地面综合调查工作，建立了以航空相片为手段、目测调查为基础的森林调查技术体系。20世纪90年代，Landsat-TM数据开始用于森林资源规划设计调查，但由于其分辨率较低，限制了在规划设计调查中的应用。SPOT-5数据以其较高的分辨率和10米的多光谱数据已大范围地应用于森林资源规划设计调查中。根据试点分析，综合3S技术，应用SPOT-5数据进行森林资源规划设计调查，可大大提高工作效率。目前，在森林资源规划设计调查中，应用的遥感数据源多为美国陆地卫星Landsat-TM遥感数据、法国SPOT卫星遥感数据、加拿大Radarsat雷达遥感数据和我国中巴地球资源卫星数据。

2.在森林资源监测中的应用

森林资源多阶遥感监测是以现行国家森林资源连续清查体系为基础，采用中等空间分辨率的多光谱Landsat-TM/ETM卫星遥感数据为主要信息源，以3S技术为支撑建立的遥感监测与地面调查技术相结合的多阶遥感监测体系。该体系的遥感监测技术工作以《国家级森林资源遥感监测业务运行系统》为主要应用软件，首先，通过提取遥感图像面上的森林资源信息，以达到有效防止偏估的目的；其次，进行遥感样地的布设、判读和统计；再次，在野外进行固定样地调查；最后，集成各种数据，汇总分析形成监测成果。

第一阶遥感图像面上信息提取。第一阶遥感监测的遥感图像面上信息的获得，主要以"国家级系统"为工具，通过遥感信息模型，以计算机自动或人机交互的方式，提取调查总体区域内的森林资源专题信息，所提取的信息包括地类信息、森林资源类型信息、森林资源变化信息、郁闭度和蓄积量定量信息等。利用第一阶遥感图像面上信息提取，能够较为客观、全面地掌握调查区域内的森林资源状况，尤其是森林资源的变化状况，有效地防止对样地特殊对待引起的森林资源总体估计的偏差。

第二阶遥感样地抽样与目视判读。第二阶遥感样地判读主要用于获取辅助信息（地类面积、地类变化信息）进行分层。遥感判读样地分为两类，即林地和非林地，对资源现状进行分层估计。以目视判读的方式采集遥感样地的地类及其属性信息。"国家级系统"之子系统的"遥感样地识别系统"，具有灵活的遥感样地目视判读的功能。

第三阶固定样地抽样及调查。第三阶为固定样地抽样调查，其调查总体和抽样强度与现行连续清查体系一致。一般以省（区、市）为总体，采用统一的抽样设计框架。样地的大小和形状原则上与现行连续清查体系保持一致。野外固定样地需加以永久性标记，其位置保持不变，以进行定期调查。野外样地采用GPS进行定位和复位。固定样地地面调查，按现行《国家森林资源连续清查技术规定》的要求进行样地因子调查和样本因子调查。

（三）GIS 在森林调查中的应用

地理信息系统（GIS）是20世纪60年代开始逐渐发展起来的一门综合性的空间数据处理技术。随着计算机技术、空间技术和无线电传输等技术的快速发展，GIS技术近年来发展十分迅速，已成为国内外研究的热点。

GIS至今尚没有国际统一的定义，不同学科和不同领域对GIS的理解不尽相同。有学者认为GIS是用于采集、存储、管理、分析、显示与应用地理信息的计算机系统，是分析和处理海量地理数据的通用技术。它由计算机硬件、软件、地理空间数据库和管理应用人员等几个基本部分有机组成。GIS是一门综合性的管理技术，其优势在于可有效地对森林空间数据进行组织和管理，提供数据查询、数据分析和成图输出，具有数据库管理、更新和维护等功能，从而辅助管理层决策。

早在20世纪80年代，加拿大林业部门在森林资源信息管理方面开始进行大范围地应用GIS技术。自20世纪90年代以来，我国基于GIS技术开发研制了各种类型和不同尺度的森林资源地理信息系统，包括省级、县级、林场和乡各级森林资源地理信息系统。

一些学者开发了专门用来进行国家森林资源连续清查和森林资源规划设计调查的地理信息系统，如娄志伟采用地理信息系统的主流软件ARC/INFO的桌面ArcView系统与图形处理软件Autocad有机结合，建成了黑龙江省森工林区森林资源连续清查的地理信息系统的空间数据库。2004年，我国自主研发了森林资源清查移动GIS系统。整个系统主要包括便携式硬件、嵌入式GIS软件和台式机数据处理软件三个组成部分。

GIS在森林资源调查中的应用主要表现在以下三个方面：

1. 调查材料成果的更新修改

在以往，由于采伐、更新、造林和自然灾害（火灾、病虫害和旱灾等）引起的林地变化，只能记录在每年的森林资源监测调查卡片上，而且图片信息（森林资源监测图）与小班数据（各调查因子）分离，随着时间的推移和人员的变更，很容易被遗忘和弄错。并且每年监测后都要重新绘制一套监测成果图，耗费大量的人力、财力、物力。但建立森林资源地理信息系统可解决上述问题，它可将每一年度监测的资源变化情况，包括图面信息和小班调查数据，随时在计算机系统中进行修改和更新。对于二类调查在不同经理期的测绘成果，也可以用这种方法进行更新修改，大大降低了内业材料处理的成本。

2. 查询分析功能

以往森林资源状况，特别是在经人为活动，如采伐、造林等造成林分面积、蓄积发生变化后，查询、统计、分析很不方便。建立了森林资源地理信息系统后，能方便快捷地查询和统计分析资源变化的情况，使林业决策者和专业技术人员能及时掌握森林资源现状和变化趋势，制订出相应林业政策和发展规划。

3. 自动成图

长期以来，我国林业图形处理工作多采用手工方式进行，图面要经过调绘、拼接、清绘和复制等多道工序，不仅时间长，而且精度低，严重影响了资源信息管理工作的运行，同时也给生产上的应用带来一定困难。每一次调查工作结束后，都要重新绘制林相图，耗费大量人力和物力，做一些重复和烦琐的工作。森林资源地理信息系统建立后，可以随时打印出更新后的林相图和各类资源分布图，满足了各部门规划设计和生产作业的需要。

第四节　森林资源信息管理

一、森林资源信息管理的概念与内涵

（一）森林资源信息管理的概念

森林资源信息管理是对森林资源信息进行管理的人为社会实践活动过程，它是利用各种方法与手段，运用计划、组织、指挥、控制和协调的管理职能，对信息进行收集、存储、加工和生产提供使用服务的过程，以有效地利用人、财、物，控制森林资源按预定目标发展的活动。其前提是森林资源管理，强调信息的组织、加工、分配和服务的过程。

（二）森林资源信息管理的内涵

1.现代森林资源信息管理是以可持续发展的信息观为指导的管理

传统的信息观强调信息是一种战略资源，是一种财富，是一种生产力要素，片面地认为促进经济发展就是它最大的作用，却没有把信息放在"自然—社会—经济"这一完整系统中加以全面考虑，从而导致了地球环境恶化和生态严重失衡。因此，迫切需要突破传统信息观的局限，形成一种新的信息观——可持续发展的信息观，即信息是社会、经济和自然的反映。用可持续发展的信息观来指导现代森林资源信息管理，可将封闭的、僵化的森林资源管理引向开放、活化的管理模式，并优化生产结构和劳动组合，将有限的森林资源进行合理配置，减少资源的不合理消耗。

2.现代森林资源信息管理是为森林资源可持续发展服务的活动

如何最大限度地利用森林资源，既满足"可持续"的需求，又满足"发展"的需求，是困扰森林资源管理决策者的重大问题，所以，现代森林资源信息管理就理所应当充当起辅助决策的角色。现代森林资源信息管理的一个重要目标就是通过对林业可持续发展中各基本要素的分析和预测，为可持续发展决策提供服务。

3.现代森林资源信息管理的核心是知识管理

现代管理为适应生产和管理活动的需要，正从以"物"为中心向以"知识"为中心转变，知识作为一种生产要素在经济发展中的作用日益增长。森林资源信息管理正面临着从"物"向"知识"的转变，处理信息、管理知识，使森林资源管理从劳动密集型向知识密集型方向发展。21世纪要全面实现可持续森林资源经营和管理应该达到：在精确的时间和空间范围内，实现精确的经营和管理。其基本途径是在森林资源经营和管理现代化的基础上，逐步实现知识管理，将以"物"为中心的森林资源经营和管理，转变为以"信息和知识"为中心，把利用木材等有形资源转化为生产力，变为利用信息和知识等无形资源转化为生产力的过程。

4.现代森林资源信息管理终将融入数字地球之中

数字地球的基本思想是：在全球范围内建立一个以空间位置为主线、将信息组织起来的复杂系统，即按照地理坐标整理并构造一个全球的信息模型，描述地球上的每一个点的全部信息，按地理位置组织和存储起来，并提供有效、方便和直观的检索手段和显示手段，使每个人都可以快速、准确、充分和完整地了解及利用地球上的各方面信息，即实现"信息就在我们的指尖上"的理想。森林资源作为地球的重要组成，森林资源管理又是社会经济活动的重要活动，森林资源信息管理融合于数字地球之中，不仅反映了世界现实

的需要，也使森林资源管理可以获得与之相关的丰富的信息，从而提高森林资源管理的水平。

5.系统集成是现代森林资源信息管理的新思路

未来的森林资源信息管理，将以可持续发展为指导思想，体现自然科学与社会科学的集成，视森林资源及其管理为一个开放的、复杂的巨系统，使用集成的方法来认识与研究；根据需要和可能集各种信息技术为一体，为取得整体效益，在各个环节上发挥作用。综合上述，可以认为系统集成是现代森林资源信息管理的一种新思路，是现代思想、方法和技术等方面的一个集成体。

二、森林资源信息管理的内容

森林资源信息管理的内容很多，有不同的分类方式。

第一，根据信息使用方式分为单项管理、综合管理、系统管理和集成管理。

第二，根据信息属性方式分为属性信息管理和空间信息管理。

第三，根据信息对象方式分为林地资源信息管理、林木资源信息管理、植被信息管理、野生动植物信息管理、森林环境信息管理和湿地资源信息管理。

第四，根据信息作用方式分为档案管理、预警系统、动态监测、信息发布和规划与决策。

第五，根据信息分布方式分为集群信息管理和分布式信息管理。

三、森林资源信息获取技术

（一）PDA 技术

该技术是将RS、GIS、GPS和现代通信技术高度集成，能显示各种空间分辨率的遥感影像图（DOM）和地形图数据（DEM）等矢量专题图层；能进行空间图形和属性信息的交互查询；可接收GPS卫星信号，进行动态导航定位；具有现地区划与小班调绘、野外数据采集、小班面积自动求算、小班样地布设自动获取坐标、样地调查中计数、小班因子调查中地图与属性因子互动、综合计算与统计、统计报表与成图、数据整理与检错等多项功能。

（二）GPS 技术

GPS除可以利用卫星进行定位、导航和测量之外，在森林资源调查中，还可以应用在三个方面：一是应用于罗盘仪的校正。利用GPS能精确测量两点间的磁方位角的功能，进行罗盘仪误差校正，可使罗盘仪校正更精确并且不受地物选择限制；二是样地的定位和复查。根据GPS的定位和导航功能设置样地，或根据样地的GPS坐标，查找已设置的样地并进行复查；三是将作业林地地块调绘在地形图上。用GPS测量作业地块四周若干控制点的地理坐标，并将这些坐标标示在地形图上，最后勾绘出作业地块的边界。另外，GPS测量成果也是GIS空间数据的主要数据源。

（三）扫描矢量化

目前，地图数字化一般采用扫描矢量化的方法。首先，根据地图幅面大小，选择合适规格的扫描仪，对纸质地图扫描生成栅格图像。然后，对栅格图像进行几何纠正。最后，实现图像的矢量化，主要采用软件自动矢量化和屏幕鼠标跟踪矢量化两种方法：软件自动矢量化工作速度较快，效率较高，但是智能化较低，其结果仍然需要再进行人工检查和编辑。通常使用GIS软件，如Mapinfo、Arc/Info、GeoStar和SuperMap等对扫描所获取的栅格数据进行屏幕跟踪矢量化，并对矢量化结果数据进行编辑和处理。屏幕鼠标跟踪方法虽然速度较慢，但是其数字化精度较高。在林业上，通常根据现有的纸质版的图面材料，如基本图、林相图、森林分布图和专题图等，通过扫描矢量化的方法生成可在计算机上进行存储、处理和分析数值化的数据。

（四）摄影测量

摄影测量包括航空摄影测量和地面摄影测量。摄影测量通常采用立体摄影测量的方法采集某一地区空间数据，对同一地区同时摄取两张或多张重叠相片，在室内的光学仪器或计算机上恢复它们的摄影方位，重构地形表面。航测对立体覆盖的要求是：当飞机沿一条航线飞行时相机拍摄的任意相邻两张相片的重叠度不少于55%，在相邻航线上的两张相邻相片的旁向重叠应保持在30%。

数字摄影测量是基于数字影像与摄影测量的基本原理，应用计算机技术、数字影像处理、影像匹配和模式识别等多学科的理论与方法，提取所摄对象用数字方式表达的集合与物理信息的摄影测量方法。应用数码相机的数字相片或普通相机的相片扫描，经数字摄影测量软件处理，可实现对单株林木的精确监测，如树高、任一处直径和树冠状态等。近景数字摄影测量的实质是建立相片和林木之间的共线方程。通过对树木的多张摄影相片和共线方程解算，就可建立像方坐标和物方坐标之间的空间关系，进而当像方任一点坐标已知时，可求得对应点物方（实地）坐标，进而求得任一处直径、树高和树冠体积等。

（五）遥感图像处理

自从1972年以来，美国陆地卫星产生了应用最为广泛的全球影像。1982年，载有一个专题制图仪（TM）扫描仪的新传感器的陆地卫星4号发射升空，为人们提供了30米的分辨率。法国地球观测卫星（SPOT）系列始于1986年。每个SPOT卫星带有两个传感器，可获取10米空间分辨率的单波段影像，而多光谱传感器则获取三个波段20米分辨率影像。

遥感成像的原理是：物体都具有光谱特性。具体地说，它们都具有不同的吸收、反射和辐射光谱的性能。在同一光谱区各种物体反射的情况不同，同一物体对不同光谱的反射也有明显差别。即使是同一物体，在不同的时间和地点，由于太阳光照射角度不同，它们反射和吸收的光谱也各不相同。遥感技术就是根据这些原理，对物体做出判断的。遥感图像处理的过程包括观测数据的输入、再生和校正处理、变换处理、分类处理和处理结果的输出五步。

四、森林档案的建立与管理

（一）森林档案的概念

森林档案是记述和反映林业生产单位的森林资源变化情况、森林经营利用活动以及林业科学研究等方面具有保存价值的、经过归档的技术文件材料。

森林档案是技术档案的一种，是林业生产单位的技术档案，也是国家全部档案的一个重要组成部分。森林档案是林业生产建设和科学研究工作中不可缺少的重要资料。它的基本特征是：第一，在本单位生产、建设和自然科学研究活动中形成的，是记录和反映本单位科学技术活动的技术文件资料；第二，真实的历史记录，不仅真实地记述和反映本单位的科学技术活动，而且真实地说明本单位科学技术活动的历史过程；第三，具有永久和一定时期保存价值；第四，经过整理，并且按照归档制度归档的技术文件资料。

森林档案的基本特征是相互联系、相互制约的统一体，是认识和判断森林档案的基本依据。森林档案可分为两种类型，即林业经营单位所建立的森林经营档案和林业主管部门所建立的森林资源档案。

（二）森林档案的构成

第一，近期森林资源规划设计调查成果（包括统计表格、图面材料和文字材料）；没有上述资料时，暂用国家森林资源连续清查或者其他具有一定调查精度的调查资料。

第二，森林更新、造林调查设计资料。

第三，林业生产条件调查和近期各种专业调查资料。

第四，固定样地、标准地资料。

第五，林业区划、规划、森林经营方案、总体设计等资料。

第六，各种作业设计资料。

第七，历年森林资源变化资料。

第八，各种经验总结、专题调查研究资料。

第九，有关处理山权、林权的文件和资料。

第十，其他有关数据、图面、文字资料。

（三）森林档案的管理及其利用

1.健全森林档案管理体制

健全森林档案的管理体制是加强档案管理的重要保证。从中央到基层都应严格地建立对口专业管理体制，加强领导，统一技术标准，实行专人负责、分级管理、及时修订、逐年统计汇总上报的管理制度，使森林档案成为提高森林经营水平以及上级机关制订规划、计划和检查工作的科学依据。

森林档案的管理体制应与林业生产管理体制相一致。一般采取四级建档和管理，即省（区、市），市（地、州、盟、林业管理局），县（旗、国有林业局、县级林场），乡（镇、林场、经营所）。

省（区、市）林业主管部门为第一级，一般建至县和国有林业局、国有林场。

市（地、州、盟）林业主管部门和林业管理局为第二级，一般建至乡（镇）和林场（营林区）。

县（旗）林业主管部门和国有林业局、县级林场为第三级，一般建至村和林班。

乡（镇、林场、经营所）为第四级，一般建至村民小组和小班或单棵树木（主要指古树名木）。

各级林业主管部门都要加强森林档案工作的领导，配备工作责任心强、有林业专业知识的技术人员负责森林档案管理工作，并建立健全管理制度。森林档案管理技术人员要保持相对稳定，不得随意调动，如确需调动时，必须做好交接工作。对森林档案管理技术人员要定期进行技术培训和业务交流，积极采用新技术，利用计算机管理森林档案，不断提高森林档案管理技术水平。

2.森林档案管理技术人员的职责

档案管理人员对待工作必须认真负责，严格履行自己的职责。档案管理人员的职责主要有以下几点：

深入现场调查，准确进行测量记载，切实掌握森林资源的变化，及时做好数据和图表的修正工作。

统计和分析森林资源现状，按时提供年度森林资源数据及其分析报告。

深入了解本单位的各项生产、科研等活动，参加有关会议，密切配合林管员和护林员的工作，互通情况，及时掌握资源变化信息。

组织固定样地和标准地的设置，按规定时间复测。

收集森林资源、经营利用、科学实验等文字、图面资料，并整理归档。

严格执行档案借阅、保密等管理制度，杜绝档案资料丢失。

积极宣传和贯彻执行《森林法》和林业方针政策，对生产部门森林资源经营利用活动进行监督。

努力学习先进技术，总结管理经验，不断改进工作方法。

3.森林档案管理的基本任务

森林档案管理工作的基本任务，是按照一定的原则和要求科学管理，及时准确地提供利用，为生产和科研服务，为党和国家各项工作需要服务。

森林档案管理工作也和其他技术档案管理工作一样，其基本任务包括档案的收集、整理、保管、鉴定、统计和提供利用等工作。

（1）森林档案的收集

森林档案的收集工作就是根据建档的需要，及时地收集和接收森林资源调查、各种专业调查、各项生产作业设计与实施以及科学研究成果等有保存和利用价值的资料。在进行上述工作中，档案管理人员最好深入现场，熟悉和掌握这些资料的来源以及精度，以便确定有无保存价值。在资料不足的情况下，档案员应协同业务人员亲自调查加以补充。另外，为保证档案收集工作能及时顺利地完成，应建立技术文件材料归档制度。归档制度就是确定技术文件材料的归档范围、归档时间、归档份数以及归档要求和手续等。归档范围，就是明确哪些技术文件材料必须归档，归档范围既不能过宽也不能过窄，明确归档范围是保证档案完整和档案质量的关键。归档时间一般分随时和定期两种，每个单位可根据本单位的工作情况和文件材料的特点，本着便于集中管理、便于利用的精神，具体规定本单位文件材料的归档时间。归档份数，一般文件材料归档一份，重要的和使用频繁的文件材料归档两份或三份。归档要求和手续，一般要求各业务部门负责将日常工作中形成的文件材料进行收集整理，组织保管单位再移交到档案室。

（2）森林档案的整理

森林档案的整理就是对档案资料进行分类，组织保管单位，系统排列和编目，把档案材料分门别类，使之条理化和系统化。森林档案的分类一般分为大类、属类和小类。每个大类分若干个属类，每个属类分若干个小类。组织保管单位是将一组具有有机联系的文件材料，以卷、册、袋、盒等形式组织在一起。系统排列是指对保管单位以及保管单位内的文件材料进行有秩序的排列。档案的编目是整理工作的最后一道工序，其内容包括编号、填写保管单位目录和备考表、编制保管单位封面等工作。由于森林资源随时间的推移和经营活动的开展而不断地发生变化，因此，建档以后应随时整理统计森林资源的变化情况，准确地记入相应的卡片中，并标注在图面上。一般每年年终统计汇总一次，并及时上报。

（3）森林档案的保管

森林档案是属于国家所拥有的重要资料，应该建立责任制度，认真保管，防止损坏和丢失。为保证档案资料的完整和安全，维护档案的机密，要注意防火、防水、防潮、防虫、防尘、防鼠以及保持适宜温度等，最大限度地延长档案的寿命。

（4）森林档案资料的鉴定

森林档案资料的鉴定就是用全面的、历史的和发展的观点来确定档案的科学的、历史的和现实的价值，从而确定档案的不同保管期限，把有保存价值的档案妥善地保管好，把无保存价值的档案经过一定的批准手续销毁。保管期限一般分为永久、长期（15年以上）和短期三种。

（5）森林档案的统计

档案资料的统计主要包括保管数量的统计、鉴定情况的统计以及利用情况的统计等。它通过统计数字来了解和检查档案资料的数量、质量以及整个管理工作的基本情况。档案资料的统计工作，是制订工作计划、总结工作经验、了解利用效果、提高工作效率以及保护档案资料的完整和安全的具体措施。

4.森林档案资料的利用

森林档案资料的提供利用就是创造各种有利条件，以各种行之有效的方式和方法，将档案资料提供出来，为各项工作的需要提供服务。

森林档案管理是一门科学。森林档案管理的各个环节是有机联系的统一体。收集工作是档案管理工作的起点，不建立正常的归档制度和做好收集工作，档案就缺乏来源，就不完整。提供利用是森林档案管理工作的目的，不积极提供利用，为生产和科研单位服务，森林档案工作就失去意义。档案资料的整理、保管、统计、鉴定等工作，是整个档案工作的基本建设工作，同样应予以重视。

随着计算机技术和地理信息系统在林业工作中的广泛应用，森林档案的建立和管理也进入了一个新的历史阶段。从过去的小班档案卡片，进入计算机软件管理时代，为查阅档案材料提供了便利条件，使档案的利用效率更高。

第五节 森林可持续经营

一、森林可持续经营的概念

森林可持续经营有多种定义，1987年世界环境与发展委员会提出了被广泛接受的可持续发展的定义，森林可持续经营即"满足当代人的需求又不危及后代子孙满足其需求的能力的发展"。

联合国粮农组织的定义是：森林可持续经营是一种包含行政、经济、法律、社会、科技等手段的行为，涉及天然林和人工林；是有计划的各种人为的干预措施，目的是保护和维持森林生态系统及其各种功能。

1992 年联合国环境与发展大会把森林可持续经营定义为："森林可持续经营意味着对森林、林地的经营和利用时，以某种方式、一定的速度，在现在和将来保持生物多样性、生产力、更新能力、活力，实现自我恢复的能力，在地区、国家和全球水平上保持森林的生态、经济和社会功能，同时又不损害其他生态系统。"

"赫尔辛基进程"把森林可持续经营定义为："以一定的方式和速度管理、利用森林和林地，在这种方式和速度下能够维持其生物多样性、生产力、更新能力、活力，并且在现在和将来都能在地方、国家和全球水平上实现它们的生态、经济和社会功能的潜力，同时对其他的生态系统不造成危害。"

二、森林可持续经营的内涵

森林可持续经营是实现各种经营目标的过程，既能持续不断地得到所需的林业产品和服务，同时又不造成森林本来的基本价值和未来生产力的不合理减少，也不会给自然环境和社会环境造成不良影响。森林可持续经营的内涵非常丰富，不能作为一个传统的具体经营活动来理解。森林是一种可再生的自然资源，可以是私有财产，也可以是公共财产；可以是个人财产，也可以是国家财产，但站在全球的高度，森林是人类的共同财产。森林可持续经营问题，从微观角度来看，针对一个具体的经营单位，是一项具体的经营活动；从开展这一活动的管理需求和产出来看，它涉及一个经营单位的资源管理、经济发展、文化建设、社会服务及人们的生活和生存等多方面；从宏观角度来看，在区域或国家层次上看，森林是一个国家主权范围内的问题，广泛涉及资源、环境、社会、经济和文化问题，以及人类的生存和发展问题等。因此，森林可持续经营问题必将反映各国（地区）资源、环境、社会、经济、政治、贸易等状况的多样性。森林可持续经营的内涵包括：第一，遵守国家的森林管理法律。第二，加强守法、纳税和森林资源再投资的氛围。第三，遵守当地土地安排制度，协商开发森林，公平分配森林开发收入，尊重和保护当地居民对于森林的不同使用权。第四，森林经营计划应考虑和符合可持续的木材预测产量，包括要支撑野生动物、非作物植物的继存和确保水资源的正常供应，使用冲击性较小的采伐技术，保护土壤、生物多样性和幼龄树。

三、森林可持续经营的目标

森林经营的目标，从国家的角度是改善森林资源状况，从乡村的角度则是从森林资源中获益。因此协调长期发展与短期效益十分必要,特别是协调林农矛盾、林牧矛盾。贫困地区通常存在局部行为与短期行为。我国行业、部门之间条块分割以及地方保护主义比较严重,建设项目重复、林地流失逆转得不到有效控制以及防护林树种单一等就与此有直接关系。林牧矛盾在我国是一个非常普遍的问题,特别是在"三北"地区和南方集体林区的林牧交错地带。但目前国内对此还缺乏专门的研究。森林可持续经营的基本目标包括以下几个方面:

(一)满足社会对林产品及服务的需求目标

随着国民经济的发展和人民生活水平的提高,国内对木材的需求量越来越大,但我国可采资源贫乏,加之改善生态环境的任务艰巨,所以,在未来相当长的一个时期里,木材生产量是有限的,木材的生产和需求之间的矛盾将越来越突出。为缓解这一矛盾,首先,大力造林育林,加速培育森林资源。其次,必须大力发展木材的综合利用,提高资源的利用率。木材的综合利用是指利用森林采伐、造材、加工过程中所产生的剩余物和木材小料,加工成木材工业、造纸工业的原料或木材成品、半成品。发展木材综合利用,可以在不增加森林采伐量的情况下,提供更多的林产品。要重点搞好以下工作:第一,现有木材加工和综合利用工厂的挖潜、革新、改造,提高生产能力和产品质量;第二,要充分利用林区的采伐、加工和造材的剩余物,大力生产木片,开展小材小料加工,发展人造板生产;第三,各地区、各部门要从资金、燃料、动力等方面给予支持。木材加工的原料来源以主要依靠天然林逐步向人工速生丰产林过渡,各种加工剩余物、采伐剩余物及枝丫材生产的木材综合利用产品增长较快,精加工和深加工产品增多。

(二)通过获得林产品创造经济效益的经济目标

通过林产品,带动林产工业及相关产业(渔业、水电、运输和牧业等)发展,煤炭、铁道、建材等用材较多的部门应积极推广采用金属矿柱、水泥轨枕、金属或塑钢门窗等代用品,并继续研制新的代用品。改变林区烧好材的习惯,抓好烧柴管理,改灶节柴,实行以煤代木,发展沼气、煤气、小水电和太阳能利用等,大力节约木材,从而减少森林资源的消耗。

(三)加强环境保护(水土保持、水源涵养、净化空气、保护生物多样性等)的环境目标

绿色消费,也称为可持续消费,指一种以适度节制消费避免或减少对环境的破坏、崇尚自然和保护生态等为特征的新型消费行为和过程。绿色消费是生态经济建设的又一重要环节。绿色消费,不仅包括绿色产品,还包括物资的回收利用,能源的有效使用,对生存环境、物种环境的保护等,主要特征是简朴、摒弃过度消费与过度包装、使用绿色材料

与绿色食品。

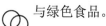

（四）培育健康、和谐的森林生态系统的目标

森林可持续经营的内容和目标是一致的。森林主要靠培育和管护，所以人工林营造和天然林保护与恢复是森林可持续经营的主要形式。林业部门要不断培育健康、充满活力的森林生态系统，提高林分质量和森林总量，使森林资源向增长的方向发展。

四、森林可持续经营的特征

森林可持续经营，要求以一定的方式和强度管理、利用森林和林地，有效维持其生物多样性、生产力、更新能力和活力，确保在现在和将来都能在经营单位、区域、国家和全球水平上发挥森林的生态、经济和社会综合效益，同时对其他的生态系统不造成危害。

第一，服从和服务于国家经济社会可持续发展目标，不断满足经济社会发展和人民生活水平提高对森林物质产品和生态服务功能的需要。

第二，充分利用林地生产力，培育优质高效林分，不仅强调森林的木材生产功能，更要注重森林生态系统整体功能的维持和提高。

第三，努力协调均衡相关利益群体，特别是林区居民的利益，促进参与式森林经营。

第四，完善森林经营支撑体系，加强机构、财政支持及法律、法规和科研培训体系建设，建立灵活的应急反应机制，以应对异常干旱年、严重森林火灾和林业有害生物等意外事件。

第五，强化对森林经营各环节的有效监管，切实维护森林生产力，确保森林效益持续发挥。

五、森林可持续经营的保障体系

要保障森林的可持续经营，首先要保护好现有的森林资源，及时准确地掌握森林资源的变化和生态环境状况则是保护好现有森林资源的前提，所以应积极构建我国森林资源综合监测体系和有效的森林资源行政管理体系。在构建森林监测体系方面，可以借助现代3S技术，以解决森林空间结构数据管理、地表信息的处理、获取定位数据等问题，为森林资源的监测、管理提供综合手段。完善的森林监测体系可为森林可持续经营成效的评价、编制林业和生态建设发展规划、制定林业宏观政策提供重要的基础依据。

政府要加大林业的公共财政投入，采取适当的措施实现林业外部效益内部化，配合市场机制的作用，使林业资金有效运营，同时要建立和完善森林效益补偿制度，并探索多种融资渠道。对地方政府要落实目标责任制，要大力发展各级林业教育，积极开发后备人力资源。

要实现森林资源的可持续经营，社会与公众的参与必不可少。因为森林可持续经营已使森林经营管理成为一种社会行为，甚至是全球性的行为，这就要求全社会各部门和公众的广泛参与，并且密切注意国际上的发展动向与协调合作，真正打破森林部门经营与管理的观念。同时，建立完善的森林可持续经营制度是保证长期、稳定地进行森林可持续经营的一个基本前提，同时又是衡量发展程度的一个重要标志，要完善林业产业政策，建立可持续发展的机制，改革林业资源管理制度，落实林权、分类经营政策。

建立社会化服务体系，是现代林业发展的必然趋势，是市场经济体制的必然选择，也是保障森林可持续经营的重要内容。制定有关政策，对服务组织给予必要的政策扶持。在市场化过程中，由于服务组织的服务范围较广，多数服务组织必然会处于保本经营或微利经营的状态。因此，国家给予一定的政策扶持是必要的。

建立森林可持续经营的法制保障体系、依法治林是整个社会主义法制建设的重要组成部分，也是林业发展的必由之路。多年来，我国的林业法制建设已经形成了一个以《森林法》和《野生动物保护法》等法律为核心的林业法律法规体系。伴随着林业法制建设，林业主管部门和行政执法人员依法行政的水平不断提高，林业执法监督机制也逐渐完善。1994年中国政府在批准的《中国21世纪议程》中指出："开展对现行政策和法律的全面评价，制定可持续发展的法律政策体系，突出经济、社会和环境之间的联系与协调。通过法规约束、政策引导和调控，推进经济、环境的协调发展。"森林可持续经营保障体系的效果，在很大程度上取决于执行手段的有效性。

总之，森林可持续经营目标的实现，不仅最终有赖于综合保障体系的不断完善，同时也需要多种调控手段的综合运用，多种调控手段在目标一致的情况下，作用的方向、力度和范围不尽相同，因而，在实际运用中应加强协调，综合运用，发挥整体功能。

参考文献

[1]张爱生，吴艳.林业发展与植物保护研究[M].长春：吉林科学技术出版社，2022.

[2]孔凡斌，廖文梅，徐彩瑶.集体林权制度改革与集体林业可持续发展[M].北京：中国农业出版社，2022.

[3]李良厚.河南林业生态定位研究[M].北京：地质出版社，2022.

[4]王培君.林业生态文明建设概论[M].北京：中国林业出版社，2022.

[5]沈立新，徐志疆，张婉洁.亚太地区森林管理与林业发展研究[M].北京：中国林业出版社，2022.

[6]田群芳，郑海霞，王建娜.河南平原地区主要林业有害生物防治技术[M].郑州：黄河水利出版社，2022.

[7]卢文锋.林业有害生物防控指南[M].北京：九州出版社，2021.

[8]杨红强，聂影.中国林业国家碳库与预警机制[M].北京：科学出版社，2021.

[9]周小杏，吴继军.现代林业生态建设与治理模式创新[M].哈尔滨：黑龙江教育出版社，2021.

[10]秦涛，陈国荣，顾雪松.林业金融学[M].北京：中国林业出版社，2021.

[11]张超，杨思林.林业无人机遥感[M].北京：中国林业出版社，2021.

[12]肖国平.实现传统林业向现代林业转变[M].北京：中国林业出版社，2021.

[13]吴保国，苏晓慧.现代林业信息技术与应用[M].北京：科学出版社，2021.

[14]王贞红.高原林业生态工程学[M].成都：西南交通大学出版社，2021.

[15]毛显强.中国省级林业绿色经济评价研究[M].北京：中国环境出版集团有限公司，2021.

[16]魏耀锋.宁夏多功能林业和生态功能分区及评价[M].宁夏：阳光出版社，2021.

[17]王东风，孙继峥，杨尧.风景园林艺术与林业保护[M].长春：吉林人民出版社，2021.

[18]周小平.云南林业发展区划[M].昆明：云南科技出版社，2021.

[19]铁铮.林业科技知识读本[M].北京：中国林业出版社，2020.

[20]龙飞.林业统计学[M].北京：中国林业出版社，2020.

[21]温亚利.城市林业[M].北京：中国林业出版社，2020.

[22] 陈绍志. 林业规划评估方法学 [M]. 北京：科学出版社，2020.

[23] 陈绍志，王登举. 当代世界林业研究 [M]. 北京：中国林业出版社，2020.

[24] 张秀媚. 林业企业管理 [M]. 北京：中国林业出版社，2020.

[25] 黄宗平，海有莲，杨玲. 森林资源与林业可持续发展 [M]. 银川：宁夏人民出版社，2020.

[26] 王刚，曹秋红. 林业产业竞争力评价研究 [M]. 北京：知识产权出版社，2020.

[27] 展洪德. 面向生态文明的林业和草原法治 [M]. 北京：中国政法大学出版社，2020.

[28] 王黎明. "互联网+" 林业灾害应急管理与应用 [M]. 杭州：浙江工商大学出版社，2020.

[29] 徐培会，王瑶. 林业资源管理与设计 [M]. 长春：吉林科学技术出版社，2020.

[30] 孟文平，胡继平，贾刚. 林业规划与资源管理 [M]. 长春：吉林科学技术出版社，2020.

[31] 姚俊英. 林业气象学概论 [M]. 哈尔滨：东北林业大学出版社，2020.

[32] 王百田. 林业生态工程学 [M]. 4版. 北京：中国林业出版社，2020.

[33] 王瑶. 森林培育与林业生态建设 [M]. 长春：吉林科学技术出版社，2020.

[34] 刘润乾，王雨，史永功. 城乡规划与林业生态建设 [M]. 哈尔滨：黑龙江美术出版社，2020.